W0109578

100%
RECYCLINGPAPIER

Peter Steiner:
Das Zen des glücklichen Arbeitens
© Theseus in J. Kamphausen Verlag &
Distribution GmbH,
Bielefeld 2012
Lektorat: Nadja Rosmann

Umschlaggestaltung: Morian & Bayer-
Eynck, Coesfeld, www.mbedesign.de
Satz: KleiDesign, Bielefeld, klei-design.de
Umschlagfoto: © joef / fotolia.de
Druck & Verarbeitung:
Westermann Druck Zwickau GmbH

www.weltinnenraum.de

1. Auflage 2012

Bibliografische Information der Deutschen Nationalbibliothek
Die Deutsche Nationalbibliothek verzeichnet diese
Publikation in der Deutschen Nationalbibliografie;
detaillierte bibliografische Daten sind im Internet
über **http://dnb.d-nb.de** abrufbar.

ISBN 978-3-89901-426-6

Peter Steiner

Das Zen des glücklichen Arbeitens

Mehr Sinn und Zufriedenheit
in Job und Alltag

Theseus Verlag

Vorwort

Ich glaube, dass die Arbeit zu der Freude, die diese Arbeit macht, zurzeit in einem ziemlich unschönen Verhältnis steht. Es gibt dazu sogar statistische Angaben. So besagen seit Jahren durchgeführte Studien des Gallup-Instituts, dass gut 80 Prozent aller Arbeitenden mit ihrem Job unzufrieden sind und nur eine geringe emotionale Bindung an ihr Unternehmen haben. Ist das nicht geradezu erschreckend?

Ist es – aber darüber will ich mich gar nicht auslassen. Ich befasse mich mit Zen, und eine der Grundlagen des Zen ist, dass man sich nicht über das Schlechte auslässt, sondern die Möglichkeiten des Guten für sich nutzt. Das ist es, was ich mit diesem Buch versuchen möchte: Wie kann Zen helfen, glücklicher im Job zu werden und das Leben generell entspannter und sinnvoller anzugehen?

Zen ist natürlich kein Allheilmittel. Aber es kann uns eine andere Sichtweise ermöglichen, und wenn unser Blick sich verändert, verändert sich alles. Das ist eines der Geheimnisse des Zen. Wir beginnen, anders mit unserer Wahrnehmung umzugehen, und dadurch erscheint alles in einem anderen Licht. Und wenn wir die Dinge anders zu sehen beginnen, erweitern wir direkt auch unsere Möglichkeiten und können entsprechend auf eine neue und umfassendere Weise Einfluss darauf nehmen.

Trotzdem sind 80 Prozent unglückliche Arbeitnehmer natürlich eine horrende Zahl. Ich weiß auch nicht, ob sie wirklich stimmt. Ich möchte es jedenfalls nicht glauben. In was für einer Welt würden wir leben, wenn darin sehr viele Menschen mit einer ihrer Hauptbeschäftigungen im Leben derart unglücklich wären? Da müsste ja etwas komplett schiefgelaufen sein. Eines aber ist sicher: Der Druck in der Arbeitswelt nimmt durch eine stärker werdende Konkurrenz zu, die Arbeitsabläufe werden durch die Technisierung eher stupider, aber gleichzeitig eben auch herausfordernder, und der Stress wird durch all diese Umstände nicht weniger.

Andererseits kann Arbeit aber auch etwas absolut Erfüllendes und Sinngebendes sein – sie ist eine der bedeutendsten Möglichkeiten auszudrücken, wer wir sind und woran uns etwas liegt. Wir sind hier, um unsern Beitrag zur Welt zu leisten, und unsere Arbeit ist dabei von großer Bedeutung. Sie ist eine wirklich große Gelegenheit.

Woher aber nehme ich überhaupt die Legitimation, dieses Buch zu schreiben? Nun, ich bin ein Wanderer zwischen den Welten. Ich habe 20 Jahre lang in der Kommunikationsbranche gearbeitet, ein eigenes Unternehmen aufgebaut, viel gearbeitet und viel gelernt. Aber ich beschäftige mich auch seit vielen Jahren mit Zen und konnte diese wundervolle Übungspraxis und Lebensart in mein Leben einfließen lassen und es dadurch enorm bereichern. Ich kenne also beiden Welten und finde es sehr faszinierend, sie zu verbinden. Wir sind in den westlichen Kulturkreis hineingeboren, und ich halte wenig davon, dass wir einfach blind andere Systeme oder Philosophien übernehmen. Ich glaube nicht, dass wir uns eine Praxis wie die des Zen einfach eins zu eins aneignen können. Wir müssen sie mit unserer Form des Lebens vereinen. Sie durch unsere eigenen Zellen sickern und dadurch etwas Neues entstehen lassen – so dass unser eigenes Zen entsteht.

„Das Zen des glücklichen Arbeitens" ist eine Möglichkeit, damit zu beginnen. Wie können wir die Denkweise und die Haltung des Zen in unser Leben und in unseren Job bringen? Wie können wir profitieren von dieser alten Tradition, die uns durch Übung tiefer in uns selbst blicken lässt und uns erstaunliche Zusammenhänge aufzeigt, die uns sonst verborgen blieben?

Unsere Arbeit ist ein gutes Übungsfeld für Zen. Es herrschen da ja nicht immer ganz einfache Umstände, und Zen liebt das geradezu. Mit jedem Arbeitstag finden wir Gelegenheit, unsere Aufmerksamkeit zu schulen und unsere Haltung wie auch unsere Reaktionen zu verbessern. So ist jeder Arbeitstag dann nicht mehr nur ein Arbeitstag, sondern auch ein Zen-Tag. Wir arbeiten, werden dafür bezahlt und finden gleichzeitig Gelegenheit, uns in Zen zu üben.

Ich denke, das ist etwas vom Besten, das wir von unserer Arbeit, nebst der Freude, die sie uns eigentlich machen soll, erwarten können: dass sie uns Gelegenheit gibt, uns zu entwickeln und zu reifen. Auch wenn nicht immer alles ganz einfach ist: Wenn wir uns dadurch entwickeln können und lernen, die Dinge besser zu verstehen, können auch schwierige Umstände zu einem großen Gewinn für uns werden.

Denn dafür ist das Leben eigentlich da: dass es ein Gewinn für uns und unsere Mitmenschen ist. Auch an jedem Arbeitstag.

I

Arbeit und Sinn – Gegensatz oder glückliche Ergänzung?

Erfolgreicher arbeiten mit Zen?

Es mag sich unglaubwürdig anhören, aber eine so einfache Praxis wie Zen kann unser Leben tatsächlich erfolgreicher machen. Nur dass der Zen-Blick diesen „Erfolg" nicht auf die gewohnte Weise sieht – nicht eindimensional in Form von Geld, Karriere und Prestige, sondern vielmehr auf das Ganze ausgerichtet: Es geht im Zen um Glück, innere Zufriedenheit und vertiefteres Bewusstsein. Um ein solides Gleichgewicht und eigene Stärke. Und das alles hat natürlich auch in der Arbeitswelt Platz.

Dabei spricht nichts gegen Geld, Karriere und Prestige, wenn diese mit Glück, Zufriedenheit und Erkenntnis einhergehen. Zen hat nichts Weltfremdes an sich. Es findet mitten im Leben statt. Man darf das Leben genießen, Erfolg haben, man braucht nicht allem zu entsagen, wie manchmal vermutet wird; es geht einfach darum, dass wir den Blick bei alldem immer auf das Bedeutsame gerichtet halten: auf unser wahres Glück, das eben aus einer anderen Quelle kommt.

Wenn wir im Zen also von Erfolg sprechen, geht es mehr um innere Fähigkeiten als um äußere Begebenheiten. Diese inneren Fähigkeiten werden sich zwar unweigerlich auf alles Äußere auswirken – aber das ist nicht das eigentliche Ziel, sondern ein schöner Nebeneffekt.

Der Erfolg kommt einfach, wenn wir das Richtige tun. Davon sind wir im Zen überzeugt. Und der Erfolg wird genau die Konturen annehmen, die er für uns annehmen soll. Das ist etwas von dem, was ich am Zen am meisten schätze: Wir müssen uns über so manches einfach keine Gedanken mehr machen, wenn wir einmal die Grundmechanismen des Lebens verstanden haben. Wenn wir genauer erkennen, wie Erfolg entsteht, aber auch welche Formen des Erfolgs uns häufig im Wege stehen können, dann werden wir beginnen, anders mit ihm umzugehen.

Erfolg ist also zuerst einmal etwas sehr Persönliches. Für den einen mag es ein Erfolg sein, wenn er möglichst viel Geld verdient. Ein anderer wertet es als seinen größten Erfolg, wenn er eine Erfindung macht, die den Menschen weiterhilft. Wieder jemand anders braucht eher Prestige und fühlt sich wunderbar erfolgreich, wenn ihn die Menschen auf der Straße erkennen. Und dann gibt es noch jene, die einfach das tun wollen, was ihnen am Herzen liegt – die also ihrer inneren Stimme folgen möchten, ihrer wahren Berufung, ihrem eigenen Sinn.

Ich glaube also, dass Erfolg nicht gleich Erfolg ist. Und ich glaube sehr daran, dass „unser Erfolg" kommt, wenn wir das für uns Richtige tun. Hier liegt nun aber bereits das erste Hindernis vor uns: Wir leben in einer Gesellschaft, die uns sehr strikt erklärt, welche Formen von Erfolg zulässig sind und welche weniger Wertschätzung erfahren. Wir werden also darauf getrimmt, bestimmten Erfolgsregeln zu entsprechen. Unsere ganze Ausbildung und all unsere Werte laufen auf dieses eine Erfolgsrezept hinaus: Bringe Leistung!

Nun geht es hier nicht darum, ob ich persönlich das gut finde oder nicht; es ist allein entscheidend, ob Sie das wollen oder ob Sie etwas anderes bevorzugen. Wenn Sie damit einverstanden sind – wunderbar. Wenn Sie denken, dass das nicht ganz Ihrem Empfinden entspricht, dann wird es schwieriger. Mitzumachen ist immer einfacher, als seinen eigenen Weg zu finden. Wer sich der Leistungsnorm beugt, der wird von der Gesellschaft akzeptiert und erhält Bestätigung von allen Seiten. Wer aber nicht einfach der Mehrheit folgt, wählt immer einen etwas einsameren und schwierigeren Weg.

Da Sie sich aber anscheinend mit Zen befassen wollen, sind Sie bereit, sich dem zu stellen. Zen bietet kein Prestige. Sie können damit kaum Karriere machen. Zen praktiziert man aus persönlichem Antrieb. Ich selber bin beispielsweise sehr davon überzeugt, dass eine geduldige Zen-Praxis etwas vom Besten ist, das wir für uns und unser Leben tun können. Aber es ist zuerst einmal etwas sehr Persönliches. Sie tun es für sich. An diesem Punkt beginnt Zen, und an diesem Punkt endet Zen auch. Sie und Zen. Kein Prestige, keine Karriere, keine Lohnerhöhung als vordergründiges Ziel.

Wenn Zen dann zu wirken beginnt, wenn unser Geist sich klärt und er dadurch genauer wahrnehmen und handeln kann, dann kommt der Lohn. Aber das wird nicht gleich am Anfang so sein. Das kann zwar vorkommen, ist aber eher unwahrscheinlich. Der erste Erfolg, den jemand verbucht, der Zen zu praktizieren beginnt, ist, dass er es überhaupt tut. Das Tun ist immer der erste Schritt. Ohne dass wir etwas tun, kann nichts werden.

Werten Sie es also bitte als Erfolg, wenn Sie Zen praktizieren. Wenn Sie nicht gleich aufgeben, schenken Sie sich damit völlig neue Möglichkeiten. Sie investieren Zeit und Hingabe in etwas, wovon Sie zwar vielleicht noch nicht viel verstehen, aber Sie tun es. Sie geben sich eine Chance.

Was aber ist Zen eigentlich, wenn das reine Praktizieren schon ein Erfolg sein soll? Man kann es als Schulung des Geistes bezeichnen. Als Meditationsform. Oder man kann es als Methode sehen, unsere Wahrnehmung zu verfeinern und damit die subtileren Zusammenhänge des Lebens zu erkennen. Aber im Grunde ist Zen einfach die beste Weise, für eine gewisse Zeit des Tages nichts zu tun – woraus sich dann erstaunlicherweise unendliche und ungeahnte neue Möglichkeiten ergeben. Die Kern-Übung des Zen ist Meditation[1], eine Übung, die unser Leben von Grund auf verändert. Ich selber praktiziere nur Zazen, sonst nichts. Und ich lasse dann die darin gemachten Erfahrungen einfach weiter durch mein Leben fließen. Das ist alles. Zazen, stilles Sitzen, ist die Basis. Alles Weitere entwickelt sich aus dieser Erfahrung heraus. Das ist Zen.

Wir befreien uns von unseren festgefahrenen Ansichten und Vorstellungen. Und damit eröffnet sich uns ein viel weiterer Horizont.

Ich kann meiner Freude über Zen kaum angemessen Ausdruck verleihen. Aber mein Verständnis des Zen ist eben auch ein ziemlich außergewöhnliches: nämlich ein ganz und gar alltägliches. In der Regel verbindet man mit dem Zen-Buddhismus ja eher

---

1 Ich verwende die Begriffe Zazen, Zen-Meditation, Sitzen im Zen und „Sitzen" als Synonyme. Sie meinen alle dasselbe. Auf Seite 96 finden Sie zudem eine konkrete Anleitung dafür.

strenge Rituale, schwarze Roben, schmerzende Beine und eine gewisse Abgewandtheit von den Dingen. Mein Zen hingegen ist pures Alltags-Zen. Es ist für mich in diesem Moment zu finden, in diesem Atemzug, in der momentanen Körperhaltung, im Umgang mit allem.

Deshalb lässt sich Zen für mich eben auch in der alltäglichen Arbeit finden. In jeder alltäglichen Arbeit gibt es diesen Moment, diesen Atemzug und die momentane Körperhaltung. Wenn ich mit diesen Dingen richtig umzugehen beginne, kann Zen auch dort entstehen. Und mit ihm mehr Zufriedenheit, Gelassenheit und ganz neue Sichtweisen. Unser Inneres wird friedlicher, alles wird leichter; es gibt zwar nach wie vor bessere und schlechtere Tage, aber es beginnt sich trotz aller Umstände etwas in uns zu entfalten, das über diesen stimmungsabhängigen Empfindungen steht und uns einfach erfüllt sein lässt von dem, was ist: indem wir einfach da sind und das tun, was wir tun.

Das ist das Zen des Erfolgs. Es mag sich zum Schluss auch in Prestige auszahlen oder in einem hohen Gehalt, aber der Kern ist immer derselbe: Wir haben in uns – durch das Praktizieren von Zazen – etwas Tieferes gefunden, das unabhängig von äußeren Bewertungen ist. Wir sind freier geworden, das zu sein, was wir sind, und das zu tun, was uns entspricht.

Das ist ein großes Glück und vielleicht sogar das Ziel unseres Lebens: Wir können uns selbst besser gerecht werden und stehen uns selbst weniger im Weg. Wir nehmen so manche Kleinigkeit nicht mehr so ernst und sind bei den für uns wesentlichen Dingen dafür umso hartnäckiger. Wir wissen einfach, worauf es ankommt und wo wir leichten Herzens auch mal nachgeben können, weil der Aufwand sich nicht lohnt.

Sie sehen also: In meinen Augen spricht nichts gegen Erfolg. Aber wir sollten einfach nicht jeden Preis dafür zahlen. Unser Leben ist mehr wert als die Arbeit, die wir tun. Unsere Arbeit sollte im Idealfall dazu beitragen, unser Leben wertvoll und erfüllt zu machen. Sie sollte helfen, das auszudrücken, was wir sind. Und sie sollte uns die Möglichkeit geben, das Leben anderer Menschen durch unseren Beitrag ebenfalls besser zu machen. Und wenn dies alles nicht der Fall ist, dann sollte uns unsere Arbeit wenigstens nicht zermürben und auslaugen. Wir sollten sie auf eine Art und Weise tun können, die es zulässt, dass wir auch in diesen kleinen Aufgaben Zufriedenheit finden. Das ist durchaus möglich. Wir können uns ganz auf das konzentrieren, was wir tun. Wir können es mit Hingabe erfüllen, mit unserer eigenen Qualität des Handelns. Es ist nicht nötig, dass jeder von uns großartige Dinge leistet. Wir alle tragen einfach unseren Teil zum Leben bei – mögen dies größere Aufgaben sein oder kleinere. Das ist nicht das Entscheidende. Ich glaube, der Maßstab ist ein anderer. Es geht nicht so sehr um die Einzigartigkeit unseres Tuns, sondern darum, wie wir etwas tun. Wir haben einen Platz erhalten im Leben, und die Art und Weise, wie wir diesen Platz ausfüllen, ist entscheidend. Wir wurden an einem bestimmten Ort geboren, wurden von unserem Umfeld geprägt und haben eine bestimmte Aufgabe zu erledigen. Dies können wir mit Hingabe und Weitblick tun, oder wir können einfach alles nur mit Ach und Krach erledigen. Wie wir etwas handhaben, liegt immer bei uns. Und Erfolg kommt eben oft gerade dadurch zustande, dass wir mit einer Sache auf bestimmte Weise umgehen. Mit einer bestimmten Sichtweise, Haltung, Absicht.

Das ist der Zen-Ansatz. Wir üben uns darin, unsere Sichtweise zu ändern. Nicht mehr nur die Oberfläche zu sehen und die offensichtlichen Begebenheiten, sondern nach und nach tiefer zu blicken und neue Zusammenhänge zu erkennen. Dies ist der erste Schritt. Wenn sich unsere Sicht- und Wahrnehmungsweise zu ändern beginnt, hat dies direkte Auswirkungen auf unser Handeln. Sobald wir etwas anders sehen, beginnen wir anders zu entscheiden. Die Änderung der Sichtweise hat andere Gedanken zur Folge, und andere Gedanken ziehen andere Handlungen nach sich. Das ist unausweichlich. Und je mehr sich unser Blick schärft, desto größer wird unser persönlicher Erfolg. Unsere Art zu sein und zu handeln verändert sich.

Zen beginnt am Anfang, da wo alles entsteht. Es hat keinen Sinn, bei den Gedanken zu beginnen, wenn diese nur bei einer bestimmten Sichtweise entstehen. Wenn Dinge falsch laufen, weil wir Situationen falsch einschätzen, dann liegt der Fehler in unserer falschen Wahrnehmung. Wir nehmen etwas an, aber das entspricht nicht den Tatsachen. Aufgrund unserer Annahme handeln wir also entgegen der Tatsachen – und kommen so zu einem falschen Ergebnis.

Die ursprüngliche Fehleinschätzung liegt in der Wahrnehmung, in unserer Bewertung einer bestimmten Situation.

Deshalb müssen wir auch bei der Wahrnehmung und bei unseren Bewertungen beginnen. Das ist das, was wir im Zen die „Schulung des Geistes" nennen. Wir beginnen da, wo unser

Leben sich entscheidet: in unserem Geist, bei unserer Wahrnehmung. Wir beginnen, damit ganz subtil auf andere Weise umzugehen.

Eine Handlung ist nur ein finaler Akt. Gedanken sind nur eine Folge von etwas. Da, wo dieses „Etwas" entsteht, liegt unsere wahre Chance. An der Quelle von allem.

Für mich gibt es keinen größeren Erfolg, als dies zu entdecken: das, was wir sind, und das, woraus sich unser Leben entwickelt. Das Leben zu verstehen ist für mich also Erfolg schlechthin. Mit ihm weise umgehen zu können geht über jedes Prestige und jede noch so hohe Lohnzahlung hinaus. Wir alle können ein bisschen weiser werden – und das ist nichts, was wir je wieder verlieren werden. Prestige und Geld können wir jederzeit verlieren, wahrer Erfolg bleibt. Er ist das, was wir in uns selbst entdeckt haben.

Wir können mit Hilfe der Praxis des Zazen Frieden und Glück in uns finden, welche zur Basis für wahrhaft erfolgreiches Handeln werden. Was immer wir dann auch tun, wir werden es erfolgreich anstellen. Wenn die Basis stimmt, werden die Auswirkungen entsprechend sein.

Lassen Sie uns also an dieser Basis mit der Arbeit beginnen.

Arbeit als wesentlicher Ausdruck unserer selbst

Eine Arbeit oder Aufgabe erfüllt uns dann am meisten, wenn sie mit unseren persönlichen Wertvorstellungen übereinstimmt. Wir nennen das dann „mit der Arbeit eins sein". Je weniger dies der Fall ist, desto mühsamer und quälender wird jede Tätigkeit. Das Optimum erreichen wir also, wenn wir im Äußeren tun, wovon wir auch im Innern überzeugt sind – so wird berufliche Erfüllung zu einem der besten Glücksrezepte. Wenn unsere Werte und unsere Ideale sich in unserem Tun ausdrücken und sich unsere positiven Eigenschaften damit entsprechend weiterentwickeln können, läuft alles wie von selbst.

Die Realität jedoch sieht anders aus. Wir übernehmen Jobs, weil wir einfach Geld verdienen müssen. Wir verharren in Tätigkeiten, weil wir das, was wir uns aufgebaut haben, nicht aufgeben wollen. Wir tun Dinge, weil sie uns vor allem (scheinbare) Wichtigkeit verleihen. Oder wir wissen überhaupt nicht, was wir eigentlich wollen. Wir tun das, was wir tun, weil wir einfach keine bessere Option erkennen können. Wir sehen nicht, was wir eigentlich tun möchten. Das ist die zermürbendste aller Varianten.

Nicht zu wissen, was man wirklich tun möchte, ist nicht so schlimm und passiert wohl den meisten Menschen irgendwann im Leben. Und es ist zudem ein wundervoller Hinweis darauf, wo wir ansetzen müssen, denn es zeigt zunächst einmal, dass wir uns selbst einfach nicht genug kennen. Wir wissen nicht, worum es uns geht und was uns wirklich etwas wert ist. Wir verstehen uns selbst nicht. Wir erkennen nicht, worauf unsere Motivationen und Absichten eigentlich gründen Und aus Ahnungslosigkeit machen wir dann einfach irgendeinen Job.

Das ist ein Hinweis darauf, dass wir uns ein wenig ernsthafter mit uns selbst befassen sollten. Wenn wir nicht wissen, worum es uns eigentlich geht, erkennen wir einen bedeutenden Teil von uns selbst nicht und investieren dann viel Zeit in etwas, das möglicherweise (oder sehr wahrscheinlich) nicht das ausdrückt, wozu wir eigentlich fähig wären. Wir widmen unsere Energie dann einer Sache, die nichts mit uns zu tun hat. Und die vermutlich nichts mit dem zu tun hat, weshalb wir eigentlich hier sind.

Laufen wir damit nicht Gefahr, dass wir unsere eigentliche Aufgabe verpassen? Dass wir nur einen Job erledigen, aber keiner Berufung folgen, wie es vielleicht sein könnte?

Wie viele Gelegenheiten haben wir, so viel von uns selbst zu zeigen und so viel beitragen zu können wie durch unsere Arbeit?

Gerade im Zen schenken wir diesem Punkt große Aufmerksamkeit. Wofür engagieren wir uns? Was ist uns wichtig? Was fördern wir? Das sagt einiges über uns selbst aus. Mit jeder unserer Handlungen unterstützen wir etwas. Was immer wir tun, hat unweigerlich seine Auswirkungen. Durch unsere Arbeit zeigen wir einen großen Teil dessen, was wir sind. Wir geben wertvolle Zeit und Energie für etwas. Wir tragen zu etwas bei.

Was ist es, wozu wir beitragen?

Im Buch „Writings" der Künstlerin Agnes Martin lese ich: „Arbeit ist ein Ausdruck unserer selbst. Wir dürfen nicht glauben, dass der Ausdruck unserer selbst etwas ist, was wir tun oder nicht tun können. Der Ausdruck unserer selbst ist nicht zu umgehen. In deiner Arbeit, in der Art, wie du deine Arbeit verrichtest, und im Ergebnis deiner Arbeit äußert sich dein Sein."

Es geht also nie nur um einen Job. Wir gestalten immer auch ein wenig die Welt durch unser Tun. Wenn das mit unseren eigenen Wertvorstellungen übereinstimmt, ist eine Arbeit richtig für uns. Wenn wir durch unsere Arbeit aber Dinge unterstützen, die unseren Überzeugungen zuwiderlaufen oder einfach nichts mit ihnen zu tun haben, entzweien wir unser Inneres und unser Äußeres. Wir spalten uns in zwei Teile: einen Teil der Überzeugung und einen Teil des Handelns (der aber eben etwas anderes verkörpert als unsere innere Überzeugung).

Das ist selbstverständlich nicht hilfreich.

Denn wir können keine Zufriedenheit und keinen Sinn in dem finden, was wir tun, wenn wir diese Trennung zulassen. Wenn unser Tun derart weit von unseren Überzeugungen entfernt ist, dass es kaum Überschneidungen gibt, dann wird sich unweigerlich Frustration entwickeln. Frustration ist der Ausdruck von Nichtübereinstimmung. Frustration ist das Zeichen dafür, das etwas nicht stimmt.

Wenn Ihre Arbeit Sie frustriert, leiden Sie wahrscheinlich unter einer solchen Aufspaltung. Wenn innere Motivation und äußeres Handeln nicht übereinstimmen, entsteht das Gefühl von Sinnlosigkeit. Ich spreche dabei natürlich nicht von den kleinen Ärgernissen alltäglicher Reibereien. Oder dass einem einfach mal alles zu viel ist. Ich rede davon, dass Ihr Job nichts mit Ihnen zu tun hat. Dass er kein Ausdruck Ihrer wirklichen Aufgabe ist. Dass er Ihnen nicht entspricht, sondern Sie eben frustriert.

Wenn dies der Fall ist, gibt es zwei Möglichkeiten: Es ist Ihnen entweder gar nicht bewusst, was da geschieht. Oder es ist Ihnen nicht bedeutend genug und Sie akzeptieren diesen Zustand, weil Sie einfach andere Prioritäten setzen oder setzen müssen. Wie auch immer: Diese Trennung ist jedenfalls alles andere als hilfreich und Glück verheißend.

Was können wir tun?

Das Erste, was wir verstehen sollten: dass ein Job nie einfach nur ein Job ist. Wir müssen sehen, dass diese Trennung zwischen Innerem und Äußerem nie zu wirklicher Zufriedenheit führen kann. Wir werden uns selbst nicht gerecht. Und wir werden dem nicht gerecht, was wir mitbekommen haben für dieses Leben.

Woran liegt das? Unser Bewusstsein kann das Essenzielle einfach noch nicht erkennen. Was wir sind, ist ja da. Wir sehen es nur noch nicht richtig. Alles ist in mir, aber ich habe dafür die richtige Ausdrucksform noch nicht gefunden.

Das Problem liegt also weniger darin, dass da nichts wäre, wie oft vermutet wird, sondern dass wir das, was da ist, nicht klar genug erkennen.

Zen kann helfen, hier Klarheit zu schaffen.

Wer bin ich und was will ich wirklich? Was ist nur aufgesetzt und was entspricht mir tatsächlich? Welchen falschen Idealen und Bildern hänge ich nach, die in Wahrheit aber gar nichts mit mir zu tun haben? Bin ich wirklich das, was ich meine zu sein?

Aber bitte verstehen Sie das nicht falsch: Zen ist kein Berufsberatungsprogramm. Zen führt Sie einfach näher zu sich selbst. Und daraus kann sich dann die für Sie richtige Aufgabe ergeben. Denn je näher Sie Ihrem eigentlichen Kern kommen, desto mehr klärt sich auch, was Sie tun müssen. Erwarten Sie von Zen also nicht, dass während einer Meditation ein Firmenschild aufzublinken beginnt, das Sie dann zum perfekten Job führt. Erwarten Sie eher, dass Sie einfach sensibler für Ihre eigenen Fähigkeiten und Wünsche werden. Und dass es das ist, was Sie dann zur richtigen Aufgabe führt.

Zen lässt Sie nur klarer, aufmerksamer und präziser werden. Und vielleicht ein bisschen entspannter allem gegenüber.

Sie werden leichter erkennen, was Ihnen wirklich etwas bedeutet. Worum geht es Ihnen? Wer sind Sie? Was ist zu viel und was zu wenig? Welche Prioritäten müssen Sie setzen? Was hat tatsächlich Wert für Sie?

Welche Aufgabe haben Sie zu erfüllen? Welche Fähigkeiten wurden Ihnen gegeben? Und womit können Sie diesen Ausdruck verleihen?

Das sind vielleicht wesentliche Fragen in Ihrem Leben. Im Zen sind wir jedenfalls davon überzeugt, dass wir durch unsere Arbeit immer unser Inneres ausdrücken. Wie wir eine Arbeit verrichten, zeigt viel über uns selbst. Denn unser Geist findet immer Ausdruck in unserem Tun und in unserem Handeln. Wenn wir etwas konzentriert tun, ist auch unser Geist konzentriert. Wenn wir etwas nur oberflächlich erledigen, ist auch unser Geist oberflächlich. Und wenn wir frustriert sind, wehrt sich unser Geist ziemlich offensichtlich gegen das, was er eigentlich tun sollte.

Schauen Sie, wie Sie Ihre Arbeit erledigen, und Sie sehen Ihr Inneres, das sich darin ausdrückt.

Aber das ist nur das eine.

Denn es ist ja nicht nur so, dass sich der Zustand unseres Geistes in dem zeigt, was wir arbeiten und wie wir das tun, sondern unsere Arbeit hat wiederum direkten Einfluss auf unseren Geist und damit auf den Zustand unseres Inneren. Ist die Arbeit hektisch und frustrierend, findet das sofort seinen Niederschlag in uns: Wir beginnen unweigerlich, ebenfalls hektisch und frustriert zu sein. Womit wir uns jeden Tag viele Stunden lang abgeben, hat entscheidenden Einfluss auf unsere Befindlichkeit. Es ist nicht so, dass uns das alles unberührt lässt – ganz im Gegenteil: Unsere Arbeit prägt uns ganz wesentlich. Wir werden zu dem, was wir tun. Alles, wovon wir umgeben sind, nehmen wir auch immer in gewissem Maße an.

Und wenn Sie mit Ihrer alltäglichen Arbeit nicht das ausdrücken können, was Sie wirklich sind, wenn Ihr Inneres also zum Teil auf der Strecke bleibt, wenn Sie Ihren Bedürfnissen und Idealen in Ihrem Leben nicht Rechnung tragen können, dann wird Ihnen zwangsläufig auch noch etwas anderes ganz Bedeutendes fehlen: Leidenschaft. Die Leidenschaft des Engagements. Denn Leidenschaft ist die Kraft, die uns vorwärtsbringt. Ohne Leidenschaft können wir nichts Gutes erreichen. Qualität und Freude hängen von Leidenschaft ab – von dieser inneren Kraft, etwas in unserem Sinne bewegen zu wollen. Durch sie können wir unsere eigentliche Aufgabe erkennen. Etwas mit Leidenschaft zu tun bedeutet natürlich nicht, dass es nie Schwierigkeiten geben wird. Schwierigkeiten gibt es immer. Aber die Leidenschaft trägt uns auch über diese Schwierigkeiten hinweg: weil wir wissen, dass es die Sache wert ist.

Nur wenn wir unsere Überzeugungen ausdrücken können, kann sich Leidenschaft entwickeln. Wir können nicht Leidenschaft für etwas empfinden, das uns nicht am Herzen liegt. Leidenschaft ist ein Ausdruck unserer selbst. Wenn unsere Tätigkeit leidenschaftslos ist, dann liegt sie uns einfach nicht am Herzen. Dann ist sie nicht das, was uns ausdrückt. Wenn wir keine tiefere innere Freude und Zufriedenheit für das empfinden können, was wir tun, dann läuft einfach etwas falsch.

Durch das Praktizieren von Zen werden Ihnen diese Zusammenhänge klarer werden. Sie werden erkennen, dass Sie Ihre eigene Werthaltung nicht verleugnen können, ohne dadurch Frustration zu entwickeln. Und Sie werden entdecken, dass Sie, wenn es Ihnen ernst ist mit Ihrer Veränderung, nicht darum herumkommen, zuerst einmal herauszufinden, wer Sie selbst sind und was Ihnen wirklich wichtig ist. Es hat keinen Sinn, einfach den nächsten Job anzunehmen und dann wieder herauszufinden, dass er Ihnen nicht das liefert, was Sie sich wünschen, und Ihnen keinen Raum zur Entfaltung lässt. Solange Sie derselbe Mensch sind, kann sich nichts Wesentliches ändern. Solange Sie nicht genauer über sich Bescheid wissen und damit Ihre wahren Beweggründe durchschauen, solange Sie nicht erkennen, worum es Ihnen eigentlich geht und mit welcher Ihrer besonderen Fähigkeiten Sie zum großen Ganzen beitragen möchten, kann sich nichts Essenzielles ergeben.

Ihre Gaben verlangen danach, sich zeigen zu können. Wie bedeutend oder unbedeutend diese auch sein mögen, ist absolut unerheblich. Es geht nicht darum, Großes zu leisten, sondern einfach etwas auszudrücken, was Ihrem Wesen und Ihren Überzeugungen entspricht: voll und ganz das zu sein, was Sie sind.

Je näher Sie diesem Kern kommen, desto einfacher wird alles – desto authentischer können und werden Sie sein. Ihre Aufgabe wartet, aber Sie können sie nur finden, wenn Sie zuerst wirklich zu sich selbst durchdringen. Denn Ihre wirkliche Aufgabe kann nur Ausdruck Ihrer selbst sein. Ich jedenfalls bin sehr davon überzeugt, dass es das Beste und Gesündeste für uns ist, wenn wir das Gefühl haben, etwas Bedeutsames für uns selbst und unsere Mitmenschen zu tun. Etwas von Wert zu schaffen und es vertreten zu können.

Zen bedeutet also, wirklich da zu beginnen, wo alles anfängt. Es geht nicht um ein paar kosmetische Korrekturen an Ihrem Leben oder um ein bisschen Lifestyle. Zen hat nichts mit Wellness oder oberflächlichem Sich-besser-Fühlen zu tun. Das alles hilft nichts, wenn es um das Essenzielle, also um das Leben an sich, geht.

Entweder Sie wollen an Ihren eigenen Kern herankommen, oder Zen ist nichts für Sie.

Es ist natürlich kein Problem, wenn Zen nichts für Sie ist. Das Leben kann auch ohne Zen ganz wunderbar sein. Ich will Ihnen nichts verkaufen. Aber wenn Sie bei dem, was Sie hier lesen, ein zustimmendes Gefühl in Ihrem Innern verspüren, dann ist das vielleicht ein Hinweis darauf, dass Zen doch etwas für Sie sein könnte. Ihr Inneres weiß dann vielleicht mehr als Sie.

Zen wirkt in die Tiefe. Und es ist ein gutes Zeichen, wenn Ihr Wunsch, etwas zu verändern, auch von da kommt.

Sinn ist etwas anderes als Karriere

Karriere zu machen gilt allgemein als erstrebenswert – was aber halten wir im Zen davon?

Sie kümmert uns nicht. Denn im Zen ist Karriere schlicht ein Fokus, der als deutlich zu eng betrachtet wird. Karriere ist lediglich ein Ziel, aber nicht sinnvolles und wahrhaftiges Tun an sich. Karrieredenken kann keinem Zen-Geist entspringen, den der achtet in erster Linie auf sein Tun und nicht auf das Ziel. Wir sind weder für Karriere noch gegen sie. Wir setzen uns einfach für das ein, was uns nötig scheint – und wenn sich daraus eine Karriere ergibt, ist das halt so. Im Zen sind wir der Überzeugung, dass wenn wir das Richtige tun, wir damit schon an das richtige Ziel gelangen. Wir ersparen uns so eine Menge Kopfzerbrechen über Ziele und die Schwierigkeiten, die sich auf dem Weg ergeben können.

Wir tun einfach, was dem Leben jetzt entspricht und was wir aus der Tiefe unseres Empfindens für richtig und angebracht halten. Und wir tun das mit ganzer Konsequenz und mit möglichst umfassender Bewusstheit.

Rein erfolgsorientiertes Denken hingegen verlangt nach einem Ziel, einem damit verbundenen Plan und der Ausrichtung des ganzen Ehrgeizes darauf. Heute lege ich einen Plan fest für die nächsten Jahre. In einem Monat aber kann alles schon ganz anders sein, meine Wünsche oder die Umstände haben sich vielleicht geändert, aber weil ich ja einen fixen Plan habe, mache ich eben weiter wie bisher. Das ist kein Zen-Geist. Diese Art des Denkens hat etwas Starres, Zen dagegen ist fließend. Und Karriere bedeutet möglicherweise Erfolg, aber Erfolg eben noch lange nicht Sinn. Shunryu Suzuki, der wunderbare Zen-Meister, der für das Erblühen des Zen in den Vereinigten Staaten der sechziger Jahre so wichtig war, drückt das sehr schön aus: „Statt nach irgendeinem Erfolg in der objektiven Welt zu streben, versuchen wir, die alltäglichen Momente unseres Lebens tiefer zu erfahren."

Das hört sich nun wirklich nicht nach großartigem Karriere-machen an.

Etwas hat vor allem Sinn, wenn es mir entspricht. Wenn es mir ein tiefes Gefühl der Genugtuung und der Verbundenheit für das schenkt, was ich tue. Wenn ich mich dabei erkannt und verstanden fühle. Wenn ich zu Gutem beitrage. Sinn ist selbstverständlich etwas sehr Individuelles. Was meinen individuellen Fähigkeiten und Eigenheiten entspricht, das kann nur mein persönlicher Sinn sein. Ich kann den Sinn im Grunde also nur in mir selbst finden und ihn durch das ausdrücken, was ich tue.

Kann ich eine Karriere in mir selbst finden und sie dann durch das ausdrücken, was ich tue? Kann Karriere der eigentliche Sinn sein? Und wenn nein, was spricht denn sonst für sie?

Im Zen meinen wir, dass Karrieredenken uns ganz grundlegend auf eine falsche Spur führt und eine Illusion in uns nährt, die irgendwann durch Einsicht zerplatzt wie eine Seifenblase, wenn sie auf den Boden der Realität trifft. Karriere hat einfach keinen Wert an sich. Andererseits spielt es entsprechend aber auch keine Rolle, wenn man dann doch Karriere macht, solange man das, was man tut, eben gerne und gut tut und deshalb auf ganz natürliche und unverkrampfte Weise Erfolg hat damit. Die einzige Gefahr aus Sicht des Zen besteht dann darin, dass das erfolgreiche Vorwärtsschreiten einen mit der Zeit mehr und mehr von dem wegbringt, was einem eigentlich wirklich am Herzen liegt und ursprünglich auch Garant für den Erfolg war. Erfolg hat immer seine eigenen Ansprüche und Sogkräfte, die meist unterschätzt werden – und wenn man es merkt, ist es meist zu spät. Dann stecken wir oft in etwas fest, das wir so nie wollten. Wir müssen uns einfach immer der Auswirkungen bewusst sein. Deshalb ist es grundsätzlich hilfreicher, keine Karriere zu machen und wenig Erfolg zu haben. Alles, was uns davon abbringen kann, uns selbst treu zu bleiben und das für uns Wesentliche im Leben zu entdecken, gilt im Zen als etwas, das man zu vermeiden versucht. Aber das natürlich auf ganz und gar nicht hartnäckige oder verbissene Weise, denn das wäre ja wiederum kein Zen. Also: weder dafür, noch dagegen, sondern vor allem achtsam dabei.

Dann können wir beispielsweise auch sehen, dass wir, wenn wir Karriere machen, andauernd von der Beurteilung anderer abhängig sind. Man muss sich so verhalten, dass es anderen gefällt und von anderen gefördert wird. Die Kriterien werden dabei ebenfalls von anderen festgelegt. Wir werden uns unter diesen Umständen tendenziell bemühen, eine Perfektion zu erlangen, die diesen von andern definierten Maßstäben entspricht. Zen hingegen motiviert dazu, sich eine Handlungs- und Sichtweise anzueignen, die als „jenseits von Lob und Tadel" bezeichnet wird.

Das heißt, man versucht, möglichst unabhängig von äußeren Beurteilungen zu werden; Lob oder Kritik gelten nicht mehr als der eigentliche Maßstab. Man versucht viel eher, jenen Zustand in sich zu erreichen, der über alle Beurteilungen hinausgeht und einen frei von solch oberflächlichen Bedingungen macht. Denn nur durch diese Freiheit kann man letztlich herausfinden, wer man wirklich ist – und vorher wiederum kann das Leben seinen wahren Glanz nicht entfalten.

Zen bringt uns mehr inneren Frieden, und der hat nichts mit äußerem Erfolg zu tun. Und Zen klärt ganz grundlegend unser Verhältnis zum Leben und zu unserer Existenz.

Der klassische Karriereweg ist von dieser Warte aus betrachtet einfach zu einschränkend. Wenn wir etwas tun, das uns wichtig ist und wahrhaft am Herzen liegt, dann reicht dies völlig aus. Und wenn wir darin eine gewisse Tiefe erreichen, kann sich dieser Zustand „jenseits von Lob und Tadel" immer weiterentwickeln. Karriere scheint im Vergleich dazu eher eine Ersatzbefriedigung zu sein, die nötig ist, wenn das, was wir tun, uns eben nicht genügt – wenn andere Kriterien nötig werden, um uns anzutreiben und uns Befriedigung zu verschaffen.

Im Grunde stehen uns aber wohl überhaupt nur drei Beschäftigungsvarianten zur Auswahl: Brotjob, Karriere und Berufung.

Der Brotjob ist das Mittel zum Zweck, und der Zweck ist das Geld, das ja irgendwie hereinkommen muss. Wenn man keine andere Wahl hat, bleibt einem nur diese. Der Brotjob ist leider ziemlich unbefriedigend, aber trotzdem weit verbreitet. Das Gute an ihm ist jedoch, dass er einem nichts vormacht: Man merkt in der Regel schnell, dass einem diese Arbeit nicht wirklich etwas bedeutet. Hätte man Geld, täte man sie nicht.

Der Brotjob lässt einem immerhin drei Optionen. Man akzeptiert ihn einfach. Oder man sagt sich: Wenn er schon sein muss, dann will ich wenigstens Karriere machen. Oder man sucht doch einen Weg, seine Berufung zu finden.

Wer sich für die Karriere entscheidet, ob aus Ehrgeiz oder schlicht zur Optimierung des Unvermeidlichen, erhofft sich meist mehr Geld und soziale Anerkennung. Nichtsdestotrotz können wir in einer stillen Stunde auch zu der Erkenntnis kommen, dass wir auf diese Weise nicht das erreichen, was wir uns eigentlich erhoffen. Es fehlt immer noch etwas. Das ewige Mehr und Mehr bringt nicht das, was wir uns wirklich wünschen. So kann es geradezu ein Schock sein, da anzukommen, wohin man immer wollte, um dann festzustellen, dass da gar nicht das Glück wartet, das man sich vorgestellt hat. Man baut jahre-, manchmal jahrzehntelang an einem Luftschloss. Man hat ein wunderbares Bild vor Augen, aber wenn man das Ziel dann erreicht, stellt es sich als nicht real heraus. Es war nie das, wofür man es gehalten hat. Im Zen erachtet man solche Illusionen als nicht wirklich weiterführend und auch nicht als sonderlich hilfreich.

Dann wäre da noch die wahre Aufgabe, unsere Berufung, das, was uns Sinn schenkt. Das ist natürlich der Glücksfall unter den drei Beschäftigungsarten. Er erscheint wie ein Geschenk. Wir können uns verwirklichen, wir sind eins mit dem, was wir tun.

Die Berufung hat mit dem Ruf in unserem Innern zu tun. Dieser Ruf ist aber in der Regel eher leise, im Vergleich zu dem ganzen Karrieregeschrei ist er sogar geradezu still. Wir müssen sehr gut hinhören, um ihn zu vernehmen. Der Ruf einer bedeutenden Firma, die mir einen tollen Job anbietet, ist für mich wahrscheinlich gut zu hören, der innere Ruf aber geht sehr leicht unter in Hektik und Lärm.

Wir müssen uns also im Hinhören üben, wenn wir unseren inneren Ruf vernehmen und ihm folgen wollen. Das ist es, was die Praxis des Zen Ihnen bieten kann: genauer zu beobachten, genauer zu sehen, genauer zu hören ... Durch die Stille des Zen werden Dinge wieder wahrnehmbar, die vorher im allgegenwärtigen Lärm des Lebens untergingen.

Je subtiler unsere Wahrnehmung wird, desto klarer erkennen wir, was uns entspricht und was nicht. Wir dringen durch die Oberfläche und vertiefen unsere Wahrnehmung. Wir beeinflussen nichts, wir durchdenken nichts, wir bewerten nichts, wir nehmen lediglich genauer wahr. Das ist der Kern des Zen: unverfälschte, klare Wahrnehmung. Sie selbst werden einfach zur Wahrnehmung.

Das ist nicht spektakulär, das ist einfach Zen. Haltung, Atmung, Achtsamkeit. Daraus ergibt sich alles Weitere. Wir müssen nichts tun, wir müssen nur lernen zuzulassen. Das Richtige zulassen zu können ist vielleicht die wahre Kunst im Leben.

Wenn wir auf diese Weise üben, werden sich die Dinge zu verändern beginnen. Man weiß im Voraus nicht, wann dies geschieht, aber man nimmt die Veränderungen irgendwann wahr. Man merkt, wie man gewisse Dinge, die nicht gut für einen waren, sein lässt und dafür andere Dinge tut, die besser für einen sind.

Einfach indem wir still und achtsam werden, scheint etwas in uns langsam ganz von alleine wieder ins Lot zu kommen.

Das ist es, was mich wirklich fasziniert am Zen: alles geschieht von selbst, richtet sich neu aus. Zen ordnet die Dinge, die nach Ordnung verlangen. Und das alles, indem wir nichts tun. Indem wir nur dasitzen. Einfach dadurch, dass wir etwas in uns in Ordnung kommen lassen.

Das, was da wieder in Ordnung kommt, wird auch seinen Einfluss auf unsere Arbeit haben. Wir werden feststellen, dass wir die Dinge anders zu sehen beginnen. Wir werden uns wundern, dass wir uns über gewisse Dinge kaum mehr aufregen. Wir werden möglicherweise andere Prioritäten erkennen und andere Bedürfnisse. Und wir merken dann irgendwann, dass in diesem neuen Empfinden der wahre Sinn verborgen liegt. Vielleicht hören wir dann sogar so etwas wie einen leisen Ruf in unserem Innern, der uns auf etwas aufmerksam macht, was wir bislang überhört haben. Vielleicht taucht einfach eine Art Gewissheit auf. Vielleicht eine größere Ruhe. Eine andere Klarheit.

Zen kann Ihnen helfen, etwas in sich zu finden, das über jede gewohnte Vorstellung hinausgeht.

Wir sitzen einfach und lassen die Dinge entstehen. Wir beginnen dann langsam, auch im Alltäglichen das Außergewöhnliche zu sehen. Wir versuchen einfach, nicht mit allzu viel eigenen Plänen die wahren Gelegenheiten des Lebens zu unterlaufen. Wir möchten nichts erzwingen. Wir möchten nichts erreichen, was unserem wahren Sinn zuwiderläuft.

Wir haben die Haltung, dass wir dem Leben nichts aufzwingen müssen, sondern dass es vielmehr darum geht, es zu verstehen und seine Chancen zu erkennen. Wir sind gerade auch deshalb achtsam, weil wir dadurch die vielen kleinen Möglichkeiten, die sich immer bieten, besser wahrnehmen können. Wir achten einfach auf diese sich uns bietenden Gelegenheiten. Wir können auch geduldig sein, wenn sich nicht gleich etwas zeigt. Und wir verstehen, dass es manchmal auch ein Glück ist, nicht das zu bekommen, was wir wollen, weil sich dadurch manchmal etwas noch Besseres ergibt.

Wir versuchen mit Leidenschaft, nicht allzu kurzsichtig zu sein.

Wir können Pläne machen, uns Ziele setzen und hoffen, dass das Leben mitspielt. Oder wir können dem Leben folgen, die Chancen erkennen und sie in dem Moment nutzen, in dem sie sich anbieten.

Ich glaube, es ist eine Typfrage, welche Variante man vorzieht. Die erste Variante spricht wahrscheinlich eher die härteren Typen an, die zweite ist eher etwas für die geschmeidigen. Zen macht uns tatsächlich geschmeidiger. Indem wir still sitzen, merken wir erst, wie hart wir durch unsere Vorstellungen und Fixierungen geworden sind und wie sehr wir dem Leben dadurch im Wege stehen. Jedes Mal, wenn wir sitzen, macht uns das ein wenig unverkrampfter.

Wirklicher Sinn ist ein ganz elementares Empfinden des Lebens an sich, das Gefühl einer tiefen Übereinstimmung. Man kann Sinn nicht planen, man muss ihn entstehen lassen. Und wenn er dann da ist, übertrifft er jedes Karriereglück bei Weitem. Karriere mag eine Leiter nach oben sein, Sinn aber ist der Weg nach innen. Wenn wir ihn dann in uns selbst gefunden haben, wird er sich auf ganz natürliche Weise auch im Äußeren auszudrücken beginnen. Und, wer weiß, vielleicht machen wir sogar Karriere damit!

Sinn ist ein Gefühl des Angekommen-Seins. Ein Gefühl der Richtigkeit. Es ist dabei unerheblich, wie das von anderen bewertet wird. Das Empfinden des Sinns geht tiefer als jede Meinung. Deshalb hat dieses Gefühl auch so etwas Befreiendes: Es macht uns frei von den üblichen Konventionen und Regeln. Es ist, als wären wir etwas Grundlegenderem verpflichtet als den gängigen und wankelmütigen Sichtweisen der Gesellschaft.

Setzen Sie sich hin, nehmen Sie die richtige Haltung ein, atmen Sie auf die richtige Weise, verbinden Sie das alles mit Ihrer Aufmerksamkeit – und alles wird nach und nach ins Gleichgewicht kommen. Im Zazen geht es genau um dieses Gleichgewicht, es geht darum, diesen mühelosen Zustand wieder zu erreichen, in dem alles seinen richtigen Platz hat.

Und wenn dieses mühelose Gleichgewicht dann da ist, schauen Sie einfach, ob sich da noch irgendwo ein Gedanke an eine Karriere ausmachen lässt.

Zufriedenheit entsteht mehr im Wie als im Was

Bisher haben wir darüber gesprochen, dass unsere Werte und Ideale sich in unserem Handeln zeigen sollten, weil sonst zwangsläufig Frustration entsteht, da unser Inneres und unsere Überzeugungen sich nicht ausdrücken können, wir im Grunde also uns selbst unterdrücken. Dann haben wir uns dem Unterschied zwischen „Sinn" und „Karriere" zugewendet. Natürlich ist das alles eine Basis für „glückliches Arbeiten", aber man kann das Gelingen nicht erzwingen. Wenn ich nicht weiß, was ich tun soll, weiß ich es einfach nicht. Wenn mir nicht klar ist, worin mein Sinn besteht, kann ich mich auch nicht daran orientieren. Dieses Verständnis muss sich durch unsere Zazen-Praxis langsam entwickeln – wir können es nicht erzwingen. Nur durch subtileres Wahrnehmen werden wir an diese Informationen herankommen. Dafür braucht es eine gewisse Zeit und Geduld.

Eine Möglichkeit haben wir hingegen immer und unabhängig von allem – und hier beginnt sich Zen ganz konkret auszudrücken: Das „Wie" können wir immer beeinflussen. Unabhängig davon, ob das „Was" schon perfekt ist. Wenn wir wollen, können wir das also als eine Art „Zen-Grundsatz" festhalten: *Das Wie ist wichtiger als das Was.*

Das „Wie" zeigt sich in unserer Art, mit Dingen und Situationen umzugehen. Und das liegt allein in unserer Hand. Wir können nicht immer wählen, was wir tun müssen, aber das Wie hat immer mit uns selbst zu tun. Darin liegt ein wirklich bedeutendes Potenzial, denn damit können wir jede Handlung zu unseren Gunsten steuern, auch wenn sie an der Oberfläche unspektakulär oder sogar banal erscheinen mag.

Wenn wir etwas auf eine bestimmte Weise machen, dann bekommen wir entsprechende Ergebnisse: Das Resultat dessen, was wir tun, hängt stark von der Art und Weise ab, wie wir es tun. Wenn uns das bewusst ist, beginnt sich alles zu ändern.

In der Regel haben wir aber die Angewohnheit, all die Dinge, die wir nicht besonders gerne tun, gelangweilt und ohne besondere Aufmerksamkeit zu erledigen. Das ist zwar verständlich, aber nicht besonders hilfreich. Dadurch besteht die Tendenz, dass wir das, was wir tun, nicht wirklich gut tun. Je weniger Aufmerksamkeit wir einer Sache schenken, desto geringer ist die Qualität unserer Aktivität. Das „Wie" drückt sich unweigerlich in Qualität aus. Was immer wir also zu erledigen haben, wir sollten möglichst versuchen, unsere ganze „Zen-Qualität" in die jeweilige Sache hineinzubringen. Da wir es ohnehin tun müssen, tun wir es wenigstens so, dass es uns entspricht und wir für uns selbst etwas daraus gewinnen – in Form einer schönen, reinen, aufmerksamen Handlung.

Manchmal gibt es Dinge, die man nicht gerne tut, aber man kann immer Freude daran haben, wie man sie tut und dass man sie gut tut. Manchmal ist also nicht die zu erledigende Arbeit das Problem, sondern unser oberflächliches Verhältnis zu ihr. Jeder Mensch kann lernen, anders mit den Dingen umzugehen, und das verändert sein Leben komplett und von Grund auf.

Was bedeutet nun aber diese „Zen-Qualität", die wir ein-bringen sollen? Nichts anderes, als dass wir uns bemühen, der Handlung selbst voll und ganz gerecht zu werden. Wir führen sie nicht nebenbei aus, nicht unachtsam, nicht gleichgültig, eben bewusst. Wir tun alles, da es ja getan werden muss, auf best-mögliche Weise. Wir widmen uns ganz dieser einen Sache. Wir widmen ihr all unsere Achtsamkeit. Und wir gewinnen daraus immer etwas für uns selbst: das Gefühl einer geglückten Hand-lung, die mit Sorgfalt ausgeführt wurde und somit das Beste möglich machte, was möglich war.

Im „Wie" zeigt sich unsere ganze Haltung. Wie wir etwas handhaben, sagt alles über uns.

Kurz gesagt: Wer wir sind, drückt sich darin aus, wie wir die Dinge tun.

Nahezu jede Tätigkeit kann damit zu einem Ausdruck von Zen werden. Worum es sich auch immer handelt: wie wir es tun, kann zu etwas absolut Eindrücklichem und Erfüllendem werden. Das „Was" entspricht dem Tun, das „Wie" entspricht dem Sein. So wie wir sind, tun wir etwas. So wie wir es tun, sind wir.

Für unser Leben ist entscheidend, wie wir an alles herange-hen. Denn wenn wir die Dinge anders zu behandeln beginnen, eben sorgfältiger und bewusster, verwandelt sich alles: Unser Leben wird so, wie wir agieren.

Das ist der Sinn hinter den Beispielen, die man manchmal im Zusammenhang mit Zen hört: auf Zen-Weise den Abwasch erledigen, den Garten umgraben oder die Schuhe putzen. Es geht darum, dass wir es auf eine Weise tun, die das Bestmögliche nach sich zieht. Wenn wir schon etwas tun müssen, dann tun wir es so, dass wir etwas daraus gewinnen und die Arbeit gut gemacht ist. In jedem Handgriff, in jeder Tätigkeit kann ein bisschen Zen liegen. Tue ich etwas mit großer Achtsamkeit und Bewusstheit – oder eben beiläufig und oberflächlich? Dazwischen liegen Welten. Und je nachdem zieht es ganz andere Folgen nach sich.

Wenn wir dieses „Wie" einmal richtig verstanden haben, erkennen wir, dass daraus mit der Zeit sogar das richtige „Was" entstehen kann. Wenn ich beginne, alles auf Zen-Art zu tun, mit Respekt, Ruhe und möglichst großer Achtsamkeit, dann beginnt sich etwas zu verändern. Diese Veränderung betrifft zuerst mich selbst. Mein Gefühl für mein Handeln wandelt sich. Ich beginne, eine andere Qualität wahrzunehmen. Ich beginne, eine andere Freude in mir zu entdecken. Ich merke, dass meine Art des Handelns Auswirkungen hat, die sichtbar über diese Handlungen hinausgehen. Wir können eine kleine Zen-Sphäre um uns herum erschaffen, die ihre Wirkung nicht verfehlt.

Das alles liegt nur am richtigen „Wie". Völlig unabhängig davon, was ich tue.

Gewisse Dinge müssen einfach getan werden. Nicht alles kann mir gefallen, aber immer gefallen kann mir, wie ich an die Sache herangehe. Gerade in den banalen Tätigkeiten liegen in dieser Hinsicht große Möglichkeiten. Je einfacher eine Handlung ist, desto mehr kann ich mich auf die richtige Art und Weise konzentrieren, weil ich mich nicht in den Gedanken darum verliere. Schuheputzen ist da ein beliebtes Beispiel. Wir können uns über diese simple Arbeit ärgern, oder wir können den Schuh in die Hand nehmen, das Leder fühlen, die Materialien genauer betrachten, die Machart, die Qualität, was alles dafür nötig war, die Veränderungen der Zeit erkennen, wie schwer, wie leicht der Schuh ist, ob das Leder sich überall gleich verändert, wie es langsam altert und schöner wird durch diese entstehende Patina. Wir haben den Schuh einmal mit Begeisterung gekauft – können wir diese noch empfinden? Wenn wir den Schuh abreiben, sehen wir, wie er sich dadurch verändert, wie sich der Schmutz von ihm ablöst, wie er sich wandelt, wie wir vielleicht wieder kaum merkliche Dinge erkennen können, die wir vorher nicht gesehen haben. Wie der Schuh zu neuem Leben erweckt wird, zu glänzen beginnt ... und wie unsere Freude wächst mit all diesen Veränderungen. Die Handlung selbst kann zu Schönheit werden, unabhängig vom Objekt. Das Objekt liefert uns nur die Möglichkeit. Die Handlung selbst kommt aus uns. Und die Qualität der Handlung ebenso.

Wenn wir einfach auf uns und unser Tun schauen, geht es nicht mehr um ein Ziel, sondern allein um diesen Moment, in dem alles liegt. Und um eine Handlung, die eben das Beste aus diesem Moment macht. Und damit auch um uns.

So kann aus einer simplen Aktivität etwas viel Bedeutenderes werden. Wie wir etwas behandeln, hat großen Einfluss auf unsere Empfindungen, und diese wiederum haben Auswirkungen auf die Ergebnisse unserer Arbeit. Wenn wir etwas gut tun, wird es sich tendenziell immer in eine bessere Richtung entwickeln, als wenn wir es schlecht und nachlässig tun. Das Allerdümmste ist also, wenn wir etwas, das wir nicht gerne tun, auch noch nachlässig tun. Dann tun wir es nicht nur nicht gerne, sondern es hat auch noch unvorteilhafte Auswirkungen. Diese schlechten Auswirkungen kommen unweigerlich auf uns zurück, also müssen wir von dem, was wir nicht gerne tun, noch mehr tun.

So macht es keine Freude und wirklich nur viel Arbeit.

Das ist kein Zen. Im Zen versuchen wir eher, weniger zu tun, das aber dafür auf gute und erfüllende Weise. Weil wir davon überzeugt sind, dass es für uns selbst das Beste ist und auf diese Art alles getan wird, was zu tun ist. Stress hingegen ist ein Zeichen dafür, dass etwas nicht rund läuft. Unter normalen Umständen und bei normaler Achtsamkeit sollte so etwas wie Stress nur in Ausnahmefällen vorkommen. Wenn immer wir uns unter Druck fühlen (und Stress ist ja nichts anderes), stimmt etwas an unserer eigenen Haltung nicht.

Im Zen versuchen wir, die Dinge so bewusst wie möglich zu tun. Indem wir uns in der Zen-Meditation üben, fördern wir Mal für Mal diese Qualität der Bewusstheit. Wir sitzen still, um diese Qualität in uns zu entdecken. Und wir handeln dann mit Achtsamkeit, um diese entdeckte Qualität in unserem Tun auszudrücken.

Wenn wir auf diese Weise einen ruhigen, stillen Geist entwickeln, wird er sich nach und nach in immer mehr Situationen unseres Lebens auszudrücken beginnen. Und ich glaube, dass nichts das Leben mehr vereinfachen und gleichzeitig vertiefen kann als das. Auch dann werden wir zwar das eine immer noch lieber tun als das andere, aber die Unterschiede werden geringer, weil wir auf die richtige Weise die in uns selbst gefundene Qualität auszudrücken vermögen. Wir können so auch einfache Dinge mit großer Freude erledigen, denn die Art des Erledigens wird zu unserem eigenen, wahrhaften Ausdruck.

Nein, das kann uns natürlich nicht immer und überall gelingen. Wir werden diese „Zen-Qualität" auch immer wieder verlieren. Es verlangt sehr viel Übung, diesen Zustand dauerhaft aufrecht-zuerhalten. Wir können nicht erwarten, dass wir sofort immer alles mit Freude tun werden. Wir müssen auch gar nicht alles mit Freude tun. Das wäre zu viel verlangt von uns. Ich denke, das ist auch nicht nötig. Wir beginnen einfach damit, dass wir es prak-tizieren, wo es möglich ist, und schauen dann, was sich daraus ergibt. Wir nehmen kleine Gelegenheiten wahr und erkennen, dass sich durch ein anderes „Wie" tatsächlich etwas verändern kann. Zuerst in uns und dann um uns herum. Wir tun kleine Dinge mit mehr Respekt, Ruhe und Achtsamkeit. Wir wählen uns ein paar Tätigkeiten aus und versuchen, diese auf Zen-Weise zu erledigen.

Beginnen Sie mit Dingen, die Sie regelmäßig tun, und versuchen Sie diese mehr auf Zen-Weise zu handhaben. Regel-mäßigkeit hilft sehr. Geduldig angewandte Achtsamkeit ist der Schlüssel zu allem Weiteren. Daraus entsteht eine neue Art von Wahrnehmung. Eine andere Qualität. Ein anderes Empfinden. Und letztendlich Zen.

Das alles lässt sich nur schwer beschreiben. Wir müssen es selbst erfahren, um es zu verstehen. Es ist, als könnten wir im Gleichen plötzlich etwas ganz Anderes erkennen. Als tauche da eine ganz neue Erfahrung auf. Eine ganz neue Wahrnehmung. Eine andere Form von Sein.

Alles ist wie immer, und doch ist nichts gleich. Im Äußeren mag sich kaum etwas verändert haben, und doch ist alles anders. So als hätte sich unsere ganze Basis verändert. Dabei haben nur wir selbst uns verändert. Unsere Wahrnehmung ist ein bisschen anders geworden.

Im Zen legen wir viel Wert auf dieses „Wie". Dieses „Wie" ist der Anfang. Wir erkennen dann, dass Qualität immer Ruhe und Zeit braucht. Je gehetzter wir sind, desto weniger Qualität ist in unserem Leben. Je mehr wir unsere Aufmerksamkeit aufteilen, desto weniger Wert erhält jede Erfahrung. Und dann verstehen wir plötzlich auch so etwas wie den Unterschied zwischen „Vergnügen" und „wahrer Freude". Vergnügen lässt sich an jeder Ecke finden und ist leicht durch etwas anderes zu ersetzen. Es ist etwas von außen, das uns stimuliert und unterhält, aber im Grunde nichts mit uns selbst zu tun hat. Wahre Freude hingegen trifft etwas in unserem eigenen Innern. Freude ist subtiler und hat eine andere Intensität nötig als Vergnügen. Freude verlangt nach einem ganz anderen „Wie" als reines Vergnügen.

Wenn wir diese Unterschiede nicht sehen, jagen wir möglicherweise einem Vergnügen nach dem anderen hinterher und bleiben doch seltsam unbefriedigt. Wir verlangen nach Intensität und sehen nicht, dass diese nur aus uns selbst kommen kann. Das richtige „Wie" lässt Freude entstehen. Die Art und Weise, wie wir mit etwas umgehen, ist der Schlüssel zu mehr Zufriedenheit. Gerade auch wenn es um unsere Arbeit geht. Wir können mit vielen Situationen geschickter und intelligenter umgehen, wenn die nötige Aufmerksamkeit da ist. Vieles regelt sich dann wie von alleine, weil wir einfach klarer wahrnehmen, was geschieht, und sich daraus auch Lösungen ergeben, die besser sind.

Wenn Ihnen die Gedanken des richtigen „Wie" hilfreich erscheinen, dann können Sie sich auf Zazen freuen. Zazen ist das perfekteste „Wie", das es gibt. Ihre Praxis der Zen-Meditation wird allem die Krone aufsetzen. Denn Zazen ist das pure Gegenteil dessen, was man Ihnen sonst predigt, das es zu erreichen gelte. Zazen ist reines, herrliches „Wie" ohne jede Absicht. Das Ziellose und das Nichts schlechthin. Zazen ist so wohltuend „Was"-los, dass es dadurch eben alles möglich macht.

Denn je weniger wir das Leben durch unsere Vorstellungen einschränken, desto mehr Spielraum erhält es.

Der Wert dessen, was wir tun, ist das, was wir sind

Zen ist nicht immer bequem. Während wir die Angewohnheit haben, für unser möglicherweise nicht immer ganz unzweifelhaftes Verhalten auf erstaunlich ideenreiche Weise schöne Ausreden zu finden, hat man im Zen in dieser Beziehung einen schonungslos anderen Standpunkt: Wir sind der Meinung, dass unser Verhalten uns immer unmissverständlich aufzeigt, wer wir wirklich sind. Unser Handeln und unsere Entscheidungen erachten wir im Zen als lebendigen Ausdruck unseres Inneren und unseres geistigen Zustands. Jeder Handgriff, jede Laune entlarvt uns. Was immer wir tun, genau das sind wir.

Wir können uns nicht herausreden. Jede Handlung drückt aus, was in uns vorgeht. Wozu wir beitragen, das sind wir also auch immer selbst. Was wir unterstützen, das zeigt, was sich hinter unserer Fassade verbirgt. Wir dürfen uns nichts vormachen. Das alles sind Hinweise, die den Unterschied zwischen Dichtung und Wahrheit in Bezug auf uns selbst deutlich offen legen.

Zuerst konzentrieren wir uns – wie gesagt – auf das richtige „Wie", weil das einfacher und leichter zu verändern ist, aber das richtige „Was" muss folgen. Denn es ist von entscheidender Bedeutung, was wir durch unser Zutun fördern. Die Welt ist so, wie wir sie machen – und wir tragen unsern Teil dazu bei. Wie also wollen wir diese Welt gestalten?

Versuchen wir Wertvolles und Gutes in die Welt zu bringen? Fördern wir Respekt und Menschlichkeit? Unterstützen wir Achtsamkeit und Klarheit? Oder agieren wir so, dass sich die Dinge eher in die andere Richtung entwickeln?

Diese Entscheidung liegt bei uns. Dazu müssen wir uns bewusst sein, dass alles, was wir tun, immer Auswirkungen hat – auf die Welt um uns herum wie auch auf uns selbst. Wie wir leben, so sind wir. Was wir heute tun, das werden wir morgen sein. Keine unserer Aktionen geschieht, ohne dass wir nicht auch Teil dieses Tuns wären und dieses wiederum seine Konsequenzen für uns selbst hätte.

Wir können viel reden, aber der wirkliche Maßstab ist unser Handeln. Worte sind leicht gesagt, aber Entscheidungen und Verhalten drücken unsere tatsächliche Wahrheit aus.

Wenn jemand von Zen schwärmt, aber einer Tätigkeit nachgeht, die sich mit Zen beim besten Willen nicht vereinbaren lässt, dann ist es ihm einfach nicht ernst damit. Wenn jemand Bücher über Zen liest, aber nicht praktiziert, dann geht es ihm ums Lesen, aber nicht um Zen. Und wenn jemand praktiziert, aber Menschen auf eine Weise behandelt, die nicht diesem Praktizieren entspricht (Respekt, Wertschätzung und Klarheit), dann hat sein Üben noch nicht die nötigen Spuren hinterlassen.

Die Wirkung von Zen können wir direkt in unserem Leben erkennen. Wenn sich da nichts ändert, sind wir erst auf halbem Weg. Der Maßstab ist nicht, wie lange ich in der Meditation still sitzen kann; der Maßstab ist, was dieses Sitzen in meinem Leben verändert. Deshalb beginnen wir im Zen mit dem richtigen „Wie", aber wir wissen, dass dies nur der Anfang ist. Das richtige

„Wie" wird das „Was" mit der Zeit unweigerlich beeinflussen, denn es muss in diesem seine Entsprechung finden. „Wie" und „Was" werden dann zu *einer* Haltung. Sie sind nicht mehr zu trennen. Sie werden zu einer Geste, zu einem einzigen Ausdruck unseres Lebens. Was die richtige Form des Arbeitens betrifft, so ist das im ursprünglichen Buddhismus sehr klar geregelt. Sie wird als „rechter Lebenserwerb" bezeichnet und ist der fünfte Punkt des „Edlen achtfachen Pfades" – der Anleitung Buddhas für ein ethisches und Glück bringendes Verhalten. „Rechter Lebenserwerb" – manchmal auch als „rechter Lebensunterhalt" bezeichnet – meint einfach, dass wir keinem Beruf nachgehen sollen, der dem Menschen oder der Natur schadet. Wir sollten uns um eine Tätigkeit bemühen, die das Gute fördert und das Schlechte vermeidet, die Menschen nicht ausnutzt oder hintergeht und die nicht allein dem Zweck unserer persönlichen Bereicherung dient. Es geht also weniger darum, ob unsere Arbeit wichtig oder unwichtig, bedeutsam oder nicht ist, sondern ob wir durch sie das Gute fördern und einen Beitrag zum friedlichen Zusammenleben aller leisten.

Die grundlegende Frage ist dabei: Wie können wir der Welt nützlich sein?

Was immer also unser Beruf ist, wenn wir durch ihn Neid, Gier und Missgunst fördern, wenn wir die Menschen entzweien und Ungerechtigkeiten zulassen, so kann dies kaum als „rechter Lebenserwerb" durchgehen. In der Theorie das Gute hochhalten, aber in der Praxis zu Ungerechtigkeit beitragen, das funktioniert nicht. Es ist immer die Realität, die zeigt, welche Werte uns in Tat und Wahrheit am Herzen liegen und was wirklich Bedeutung für unser Leben hat.

Es geht hier aber nicht etwa darum, dies moralisch zu bewerten. Zen ist keine moralische Instanz. Es geht um einen Weg, der uns zur Einsicht führt, und eine der Einsichten ist eben, dass Theorie und Praxis eins werden müssen. Sonst machen wir uns nur selbst etwas vor.

Es geht darum herauszufinden, was unsere wahren Absichten sind und worum es uns in unserem Leben geht.

Wenn das Bedürfnis nach Anerkennung und Macht zuoberst steht, wird es schwierig mit Zen. Wenn Erkenntnis und innerer Friede gewünscht werden, liegt man mit Zen hingegen goldrichtig. Es geht hier also wirklich um unsere persönlichen Werte und wodurch wir ihnen Ausdruck verleihen.

Zen ist sehr konkret – und an erster Stelle steht das Ziel, weniger auf unsere Selbsttäuschungen hereinzufallen. Wir beginnen, uns besser zu beobachten und zu durchschauen und uns auch mehr über uns selbst zu amüsieren – weil wir sehen, was da manchmal für ein kurioses und oft auch unnötig verworrenes Spiel abläuft. Wir beginnen zu verstehen, wie alles zusammenhängt, wieso wir in gewissen Situationen in gewisser Weise handeln und weshalb wir uns immer und immer wieder mit denselben Widerständen auseinanderzusetzen haben.

Dafür sind Ruhe und Achtsamkeit nötig. Wenn zu viel auf einmal geschieht, können wir nichts genau erkennen. Wenn der Lärm zu groß ist, können wir die subtileren Töne nicht wahrnehmen. Deshalb Ruhe und Achtsamkeit. Deshalb praktizieren wir auf diese Weise.

Zen steht also in erster Linie für die Ebene der Erfahrung, nicht für die der Erklärung. Wir verlieren uns nicht in unendlichen

Erwägungen und theoretischen Rechthabereien. Und wir wissen auch, dass die Frage nach dem „Weshalb" in den meisten Fällen sinnlos ist. Es ist alles einfach so, weil es möglich ist. Und es ist so, wie es ist. Genau in diesem Augenblick ist alles genau so, wie es ist. Das ist unsere Ausgangsbasis. Die Realität dieses Augenblicks.

Aus dieser Haltung heraus wird jede Tätigkeit zu einer Zen-Aktion. Jeder Spaziergang zu einem Zen-Weg. Und jeder Geschmack zu einem Zen-Genuss. Finden Sie in immer weniger immer mehr – und Ihr Leben wird sich grundlegend ändern, vereinfachen und klären. Das ist eine wirkliche Befreiung. Mehr zu erhalten, in dem wir weniger tun, ist wahre Lebenskunst – und Zen ist ein Weg dort hin. Schritt für Schritt.

Sie tun, was Sie tun, und das ist Ihr Ausdruck. Sie nehmen wahr, was da ist, und das ist Ihre Erfahrung. Sie lassen das alles subtiler werden und erhöhen dadurch die Intensität. Die ganz normalen Ereignisse werden so zu etwas Besonderem. Wir tun, was wir tun müssen, aber wir tun es auf unsere Weise. Wir nehmen wahr, was es wahrzunehmen gibt, aber wir empfinden es gründlicher. Wir kochen, putzen, lieben, lesen, arbeiten ... nichts Besonderes – einfach Zen.

Aber Ihr Inneres wird sich dadurch verändern. Es wird sich anders anfühlen und anders auszudrücken beginnen. Sie werden merken, dass da mehr ist, als Sie bisher angenommen haben.

Wenn Sie sich mit Zen zu befassen beginnen, werden gewisse Dinge irgendwann einfach nicht mehr möglich sein – weil sich nach und nach alles zu klären beginnt. Aber Sie müssen sich darüber keine Gedanken machen, alles wird sich von alleine lösen.

Wir können das nicht mit unserem Intellekt entscheiden. Durch Zen üben wir uns einfach in einer klaren Haltung. Dies wird mehr und mehr unser Leben beeinflussen und zuerst unser „Wie" verändern und dann unser „Was".

Versuchen Sie bitte nicht, das zu verstehen. Es lässt sich nicht verstehen. Es ist reines Empfinden. So wie man ein Hochseil nicht mit Hilfe intellektueller Erklärungen überqueren kann, so kommen wir auch im Zen nicht weiter, wenn wir es mit dem Verstand zu verstehen versuchen. Wir müssen ein Gefühl dafür entwickeln. Das Gefühl der subtilen Balance und des richtigen Agierens im Leben. Theorie nützt wenig, um wirklich zu verstehen und die Qualität zu entwickeln, die nötig ist. Auf dem Hochseil nicht und im Zen erst recht nicht.

Das Hochseil meistern wir, indem wir den Körper darin üben, sein Gleichgewicht in jedem Sekundenbruchteil trotz ununterbrochener Bewegungen stabil zu halten. Und im Zen üben wir dasselbe mit unserem Geist.

Dafür sitzen wir still. Wir stabilisieren den Geist, wodurch er klarer wahrnimmt, und wir entwickeln damit ein tieferes Gefühl für das, was wir Leben nennen. Wir lernen kennen, woher es kommt und wohin es geht. Was es zum Fließen bringt und wie wir uns diesem Fluss anvertrauen können. Wir lernen das Leben, das sich durch uns selbst ausdrückt, durch uns selber besser kennen.

Und dann sehen wir, wie sehr das, was wir tun, tatsächlich mit unserem Innern zu tun hat. Wie sehr wir uns durch unser Handeln ausdrücken. Und dass wir durch das Beobachten dieses Handelns tatsächlich viel über unsere eigene Wahrheit erfahren können.

Was wir tun und wie wir es tun, das sind wir. Es entspricht unserem inneren Zustand. Unserer inneren Qualität. Oder wie man im Buddhismus sagt: unserem Geist. Unser Geist zeigt sich in unserem Handeln. In unseren Entscheidungen. Und in der Art und Weise, wie wir mit allem umgehen.

Das sind wir. Und dafür ist unsere tägliche Arbeit sehr entscheidend. Was wir tun, prägt uns und unsere Umwelt. Wir sind nicht einfach nur Mitläufer, wir tragen immer und in jedem Moment aktiv zu dieser Welt bei. Wir fördern dies oder jenes. Verhindern dies oder jenes. Tragen zu diesem oder jenem bei.

Wozu möchten Sie beitragen? Zu welcher Art von Welt? Und tun Sie es schon?

Ich denke, das ist eine der wichtigen Fragen: Wozu möchten wir beitragen? Die Welt ist nicht aus Zufall so, wie sie ist. Wir haben sie so gemacht. Wohin soll es mit ihr gehen? Und wie wollen Sie das unterstützen?

Das ist die Entscheidung aller Entscheidungen. Darin gründet Ihre ganz persönliche Lebensphilosophie. Sie ist die Basis von allem, was darauf folgt. Auf welche Weise tragen Sie wozu bei? Und die berufliche Arbeit ist jenes Gebiet, auf dem sich das oft am deutlichsten zeigt.

Wir arbeiten, um Geld zu verdienen. Aber eben nicht nur. Wir fördern auch immer dies oder jenes. Wir geben einen Teil unseres Lebens für eine Sache hin. Unsere Arbeit ist nie nur Geldmacherei. Sie ist immer, ob wir das wollen oder nicht, auch Ausdruck unseres Lebens. Und damit das, was wir dem Ganzen durch unser Dasein hinzufügen.

Das sollte uns einfach bewusst sein.

Wenn wir uns in Zen üben, wird dieser Zusammenhang offensichtlicher. Wir können dann den erträumten Job zwar noch immer nicht herbeizaubern, aber diese neue Bewusstheit fängt an, ihre Wirkungen zu zeigen. Das geschieht nicht durch Fingerschnippen, sondern durch geduldige Praxis.

Wir alle sind nicht perfekt. Darum geht es auch gar nicht. Aber wir sollten versuchen, uns so in der Welt zu bewegen, dass wir Leiden reduzieren, indem wir achtsamer mit allem umgehen und unseren Beitrag leisten, wo es geht. Wir müssen uns bewusst werden, was wirklich zählt. Wie gehen wir mit den Dingen um? Wie verhalten wir uns gegenüber Menschen?

Diese Haltung hängt nur von uns ab.

Gerade in unserer beruflichen Arbeit können wir das Tag für Tag ganz konkret erleben. So wie wir mit unseren Aufgaben und unseren Kollegen umgehen, so sind wir. So wir die Probleme behandeln, so ist unser Inneres. So wie wir Konfrontationen lösen, so steht es um unseren Geist.

Und weil unser Verhalten und unsere Reaktionen alles über uns sagen, legen wir im Zen viel Wert auf das Beobachten. Wir beobachten, und wir beginnen zu verstehen.

Wir beobachten still, und die Welt beginnt ihren Schleier zu lüften.

Den eigenen Weg finden

Wenn Sie sich auf Ihrem eigenen Weg befinden, bringt er etwas in Ihnen zum Klingen. Egal, was Sie tun, solange es etwas Wohltuendes in Ihnen fördert, ist es das Richtige. Wenn es Ihnen Energie gibt und nicht nimmt, ist das ein gutes Zeichen. Und wenn es Freude in Ihnen auslöst, sind Sie auf der richtigen Spur. Dieses „Klingen" ist etwas Einzigartiges. Es lässt sich mit nichts vergleichen. Es ist das tiefe Gefühl, dass alles richtig ist, so wie es ist. Unabhängig von allen Begleitumständen.

Der eigene Weg ist das, was Ihnen und Ihrer Individualität gerecht wird. Er gibt Ihnen die Möglichkeit, Ihr Eigenes in eine Form und damit ins Leben zu bringen – und sich dabei mehr und mehr zu entfalten. Dabei geht es nicht um Richtig oder Falsch, es geht nur um dieses Gefühl, dass Sie mit dem Leben, wie es für Sie ist, in glücklicher Übereinstimmung sind. Es geht darum, Integrität zu erlangen. Das Resultat davon ist Erfüllung.

Was uns am meisten daran hindert, dies zu erreichen, sind all die Konventionen, die unser Leben prägen und es – ohne zu fragen – an die kurze Leine nehmen. Obwohl wir meinen, frei zu sein, befinden wir uns in einem permanenten Prozess der Anpassung. Wir haben Bilder und Vorstellungen davon, wie wir zu sein haben, damit wir Wertschätzung erfahren. Unser Leben wird damit allzu leicht zur Marketing-Angelegenheit – und so bleibt unser Inneres auf der Strecke. Wir kaufen Produkte, deren Preis in keinem Verhältnis zu ihrem wahren Wert steht – nur weil wir uns mit diesem oder jenem Label hervortun wollen. Erfolgreiche und schöne Menschen sind zu unseren Vorbildern geworden – und nicht diejenigen, die Gutes für alle tun. Wir ziehen den schnellen Effekt und die offensichtliche Falschheit immer und immer wieder der wahren Qualität des Lebens vor.

Wie konnte es so weit kommen?

Im Grunde ist das unerheblich, denn wir befassen uns ja glücklicherweise mit Zen. Zen ist hier und jetzt. Hier und jetzt lässt sich alles ändern. Indem ich bewusster werde. Vielleicht auch bescheidener. Und indem ich bereit bin, meinen eigenen Weg zu gehen. Unabhängig von Meinungen, Markenversprechen, gesellschaftlichen Normen und Forderungen – frei von allem, was mir sagt, wie ich zu sein habe.

Damit eröffnet sich uns ein kleiner Spalt zu wahrer Freiheit.

Wir können diese Mechanismen nicht mit unserem Verstand erfassen, dafür sind sie zu raffiniert und zu subtil. Wir müssen tiefer gehen, um sie zu sehen und zu verstehen. Der Verstand ist ein Gefangener dieser ganzen Manipulationsmaschinerie, der wir täglich ausgesetzt sind. Wie soll er da verstehen, was eigentlich abläuft? Das oberflächliche Denken ist ja gerade das, was zwischen uns und dem Leben, wie es ist, steht.

Sie können Ihren eigenen Weg also nicht durch Denken finden. Es ist eher so, dass Ihr Denken Sie wie zäher Nebel umschließt und Sie Ihren eigenen Weg nicht sehen lässt. Wenn Sie freier von Ihren fixen Meinungen und übernommenen Vorstellungen werden und sich dadurch der Nebel zu lichten beginnt, liegt Ihr eigener Weg einfach vor Ihnen. Es gibt kein

Geheimnis, es gibt auch nichts zu finden, es gilt letztlich, das auszuräumen, was uns den Blick verstellt auf das, was ist.

Den eigenen Weg finden bedeutet vor allem, dass wir uns selbst nicht im Wege stehen. Wenn wir nicht mehr unser eigenes Hindernis sind, weil wir meinen, dass alles genau so ablaufen muss, wie unser kleiner Verstand es sich vorstellt, dann wächst und gedeiht alles ganz von alleine.

Zen ist ein Schritt in diese Richtung.

Denn solange wir unser Denken und unsere unterbewussten Mechanismen nicht durchschauen, solange wir sie nicht wach erleben, indem wir sie einfach still beobachten, sind wir nicht in der Lage, frei und weniger voreingenommen zu agieren. Durch verschiedene psychische Mechanismen haben wir immer die Tendenz, uns unserer Umgebung und unseren Vorbildern anzupassen. Dies geschieht meist, ohne dass wir es bemerken. Wir sind umgeben von Einflüssen, aber glauben doch, dass wir uns nicht nach Normen richten, sondern uns frei entscheiden.

Wir sollten uns also zuerst einmal eingestehen, dass wir ein eher eingeschränktes Verständnis von der Welt haben – und von uns selbst.

Solange wir nicht unseren eigenen Weg gehen wollen, stellt diese Beschränkung natürlich kein Problem dar. Wenn uns nur daran gelegen ist, weitgehend das zu tun, was alle tun, und so zu entscheiden, wie die meisten entscheiden, dann funktioniert dieses System perfekt. Aber was hat das wirklich mit uns zu tun? Sind wir nicht eigentlich eigenständiger? Sollten wir nicht etwas wirklich Eigenes entwickeln? Unserem Leben einen wahrhaft persönlichen Ausdruck verleihen? Geht es nicht gerade darum, unseren individuellen Fähigkeiten und unserem tatsächlichen Wesen eine Chance zu geben? Ist es nicht das, was „Mensch sein" eigentlich bedeutet?

Das Problem: Außer Ihnen selbst hat daran niemand Interesse. Politik, Wirtschaft und Religion lieben konforme Menschen. Diese lassen sich viel leichter für alle erdenklichen Zwecke einspannen als Individualisten. Den eigenen Weg zu gehen heißt: weniger unterstützt und weniger bestätigt zu werden von all denen, die einem etwas verkaufen oder die einen für etwas gewinnen wollen. Und das ist eigentlich nichts, was wir uns wünschen. Wir möchten lieber getragen sein und anerkannt – auch wenn wir dafür mit unserer Individualität bezahlen.

Uns anders zu entscheiden, um uns selbst näherzukommen hat seinen Preis. Wenn Sie in dieser Frage unsicher sind, so will ich Sie gar nicht in die eine oder andere Richtung drängen, ich möchte nur einen Gedanken anführen, der dem weisen Laotse zugesprochen wird: „Änderst du deine Richtung nicht, könntest du dort enden, wo du hinsteuerst."

Der alte Weise hat damit zweifellos recht. Das Leben ist eine Folge unserer Entscheidungen. Aber weil ich glaube, dass wir uns in dieser Hinsicht nicht überfordern sollten, geht es in diesem Buch nur um eine einzige Entscheidung: Wollen Sie sich für einen kleinen Teil des Tages in Ruhe und Gelassenheit üben und damit alles andere auf gute Weise beeinflussen?

Denn wenn wir uns mit Zen zu befassen beginnen, wenn wir in der Haltung des Zazen einfach still sitzen, dann ist alles getan, was dafür nötig ist. Wir tun nichts – und lassen damit alle Gedanken, Konventionen und fixen Vorstellungen ins Leere laufen. Wir lassen uns in nichts mehr hineinziehen und sehen, wie wohltuend und befreiend dies ist. Und welche Möglichkeiten sich uns dadurch zu eröffnen beginnen.

Achtsamkeit genügt. Ruhe. Nicht-Reaktion. So beginnen wir, die altgewohnten Automatismen zu durchschauen.

In diesem reinen Sitzen gibt es keine Konformität, keinen Erfolgsdruck, keine Entscheidungen, kein Müssen, kein Vergleichen, keine Ziele, keine Vorgaben, keine Erwartungen – einfach nur ... Offenheit. Es braucht eine gewisse Zeit, bis man versteht, was das bedeutet. Bis man erkennt, dass dieses Nichtstun einem völlig neue Möglichkeiten schenkt. Indem es uns durch diese Stille alles nimmt, was uns blockiert und uns im Wege steht, wird immer mehr das freigelegt, was wir wirklich sind.

Es kann sich eine „Entwicklung" im besten Sinne vollziehen. Wir lösen uns heraus aus dem, worin wir verwickelt sind, und befreien uns davon. Und das geht erstaunlicherweise am besten, wenn wir auf die richtige Weise nichts tun.

Entwicklung bedeutet, dass wir immer mehr zu unserem eigenen Leben finden, zu unserem eigenen Ausdruck, zu unseren eigenen Fähigkeiten, unserer eigenen Freude und unserem eigenen Sinn. Und Zen kann uns sehr dabei helfen.

Jedes Mal wenn ich mich zum Zazen hinsetze, staune ich über diese unfassbare Einfachheit und darüber, was durch sie geschieht. Es lässt sich mit nichts vergleichen, was wir im Leben sonst erfahren können. Es gibt zweifellos viele Möglichkeiten, tiefe Erfahrungen zu machen, aber in diesem Sitzen steckt etwas, das so tief geht, dass es den Kern des Universums zu berühren scheint. Derselbe Kern, der auch in uns selbst ruht.

Wir müssen hinter nichts herlaufen – schon gar nicht hinter unserem eigenen Weg. In uns ist alles angelegt, was dafür nötig ist, ihn zu erkennen und ihm zu folgen. Wir müssen nur lernen, es zu sehen. Und wir sehen es, wenn wir uns von nichts anderem mehr ablenken lassen. Von all den oberflächlichen Erscheinungen und Möglichkeiten, die uns ununterbrochen hin- und herschwanken lassen. Wenn wir zur Ruhe kommen, taucht etwas Wesentlicheres auf. Und wenn wir tief genug gehen, gibt es keine Fragen mehr.

Unser eigener Weg entsteht in unserem Innern. Wir müssen ihn nicht außen suchen. Er wird ganz von alleine im Außen auftauchen, wenn wir in unserem Innern auf ihn gestoßen sind – wir ihn da freigelegt haben. Das einzige Problem besteht darin, dass er über die Jahre und durch all die äußeren Einflüsse überdeckt wurde. Unsere Erziehung, die gesellschaftlichen Normen, all das liegt wie eine dicke Schicht des Sollens und Müssens über der zarten Spur, die bereits in uns angelegt ist. Alle meditativen Methoden haben nur den Zweck, unseren eigenen Weg und unser wahres Selbst wieder zugänglich zu machen. Es mag dafür verschiedene Formen und Methoden geben, aber grundsätzlich geht es immer um dasselbe: Wir befreien uns von unseren oberflächlichen Täuschungen und all den damit verbundenen Fallstricken, in denen wir uns in unserem bisherigen Leben verfangen haben. Durch Meditation können wir entdecken, dass wir mehr sind, als wir dachten.

Wenn uns diese Befreiung gelingt, wenn wir unseren wirklichen Kern erkennen, dann wird alles in unserem Leben davon geprägt werden: Dann wird alles eins. Dieses Elementare wird zu unserem ureigensten Ausdruck – und dieser wird sich auch in unserer Arbeit zeigen. Unsere wahren Werte und Anliegen können dann in jedem Moment durch unser Handeln hindurch scheinen.

Wir sehen dann, dass jede unserer Handlungen aus unserem Bewusstsein entsteht. Und je mehr sich dieses Bewusstsein entwickelt, desto klarer erkennt es sich selbst. Wir müssen ihm nur die Gelegenheit dazu geben. Wenn wir diesem Prozess nicht mehr im Wege stehen, dann verstehen wir auch, wie tief unser Bedürfnis ist, mehr zu entdecken – von uns selbst und dem Leben an sich. Und dass Ideologien dabei nie weiterhelfen, weil sie immer einschränkend sind.

In Schablonen zu leben wird uns niemals gerecht. Und Normen schränken unsere Lebendigkeit ein.

Wir stecken alle in diesem Kreislauf. Und es wird uns nicht auf Anhieb gelingen, uns völlig daraus zu befreien. Aber wenn wir die Schichten in unserem Inneren freilegen, entwickelt sich dadurch eine Kraft, die sich auch außerhalb von uns ausdrücken kann und damit nach und nach einen neuen Weg für uns bahnt, auf dem sich immer mehr zusammenfindet.

Was können wir bis dahin tun? Was können wir tun, bis diese Schichten abgetragen sind und sich all dies zu zeigen beginnt?

Wir wenden einen weiteren Zen-Grundsatz an: *Konzentriere dich vor allem auf das, was du selbst tun kannst*

Wir ärgern uns weniger über andere, geben nicht den Umständen die Schuld, wir erklären nicht, was dieser und jener besser hätte tun sollen: Wir konzentrieren uns voll und ganz auf das, was wir selber tun können. Wir legen unsere ganze Energie in unser eigenes Tun, weil wir wissen, dass alles andere nur Gerede ist. Nur unser eigenes Handeln kann etwas in unserem Sinne verändern – also konzentrieren wir uns auf gerade das.

Wir beginnen einfach da, wo wir sind. Genau da sind wir achtsam und engagiert. Wir können all die Kleinigkeiten und Hinweise wahrnehmen, die sich jeden Tag in unserem Leben zeigen und die auf das hindeuten, was uns bewegt und was wir sind. Das Universum spielt uns jeden Tag Andeutungen zu, die uns mehr über uns selbst verraten. In jeder Situation und auf jeden Menschen reagieren wir auf bestimmte Weise – und das sagt viel über uns selbst. Wie wir agieren, das sind wir, wie wir uns dabei fühlen, das entlarvt uns selbst. Und wenn wir das alles subtiler wahrzunehmen beginnen, entdecken wir hinter unserer Fassade den Menschen, der wir wirklich sind.

Unsere spannendste Entdeckungsreise führt zu uns selbst. Das ist der wahre eigene Weg. Wir brauchen nichts dafür als Achtsamkeit. Ob wir still dasitzen, Schuhe putzen oder dem Chef zuhören – wie wir das tun, ist in diesem Moment unser Weg.

Das, was wir suchen, verwirklicht sich durch das, was jetzt gerade entsteht. Erledigen wir die Dinge mit Hingabe und Respekt, wird sich auch unser Leben langsam in diese Richtung entwickeln. Tun wir es oberflächlich und gelangweilt, wird auch das seine Auswirkungen haben.

Das ist es, was wir im Zen mit „Der Weg breitet sich unter deinen Füßen aus" meinen. Er entwickelt sich aus dem heraus, was wir jetzt tun. Es gibt keine Abkürzungen und keine Ausweichroute.

Indem wir aufmerksamer und weniger abgelenkt sind, indem wir in uns mehr Ruhe und Klarheit entstehen lassen, taucht er immer deutlicher auf. Wir können dann die richtigen Korrekturen vornehmen oder sich anbietende Abzweigungen benutzen. So gehen wir einfach jeden Tag weiter und sind neugierig dabei.

Und irgendwann erkennen wir dann vielleicht, dass alle Wege letztendlich zum selben Ziel führen und dass es unnötig ist, sich über den richtigen Weg den Kopf zu zerbrechen.

Solange wir ihn mit großer Achtsamkeit und mit reiner Neugier gehen, ist es immer der richtige Weg. Er wird uns auf das hinweisen, was wir noch nicht wissen. Auch wenn wir manchmal meinen, einen falschen Weg genommen zu haben, so wird er uns mindestens dahin führen, das zu erkennen, was wir vorher übersehen haben: Und an der nächsten Abzweigung können wir uns neu ausrichten.

Denken Sie also nicht allzu viel über Ihren Weg nach. Gehen Sie einfach mit möglichst viel Freude und Achtsamkeit voran. Dann kann es nicht falsch sein.

II

Einfach und klar –
Zen im
Arbeitsalltag

Das Herz des Zen: Einfachheit, Klarheit, Geduld

Zen ist eine Geistesschulung, eine Haltung, ein Empfinden, eine Weise zu sein. Und all dies entsteht durch die Praxis von Zazen ganz automatisch. Das ist der Trick: Wir müssen uns nichts aufzwingen, wir müssen nicht anders werden oder uns an vorgegebene Prinzipien halten. Es geht vielmehr darum, dass sich in uns etwas entwickeln kann, das über all die Beschränkungen hinausgeht, die uns bisher nicht richtig zur Entfaltung kommen ließen.

Es geht also nicht um einen Moralkodex oder ein Erfolgsprinzip, das wir uns überstülpen sollen. Das wäre ja wiederum nur ein Korsett, das uns einschränkt – und damit weit von Zen entfernt. Indem wir aber in uns selbst Klarheit schaffen, klärt sich auch im Äußeren so manches auf ganz natürliche Weise. Indem wir die Qualität der Einfachheit und das natürliche Entstehen der Dinge in uns selbst erleben, nehmen wir sie auch im Äußeren immer deutlicher wahr. Und indem wir uns beim Zazen einfach nur still hinsetzen und nichts tun, lernen wir die wundervollen Effekte von Geduld immer mehr zu schätzen.

Wir werden fähig, in uns zu ruhen und dem, was ist, zu vertrauen. Wir lernen eine Art tieferen Bezugspunkt in uns kennen, eine elementare Qualität. Wir machen die Erfahrung, dass es in uns eine Energie gibt, die unabhängig von Raum und Zeit und allen dazugehörigen Gegebenheiten existiert – und die uns sehr wohlgesinnt ist und auf die wir immer zurückgreifen können.

Schließlich wird uns auch etwas anderes klar: Wir kommen nicht zu Einfachheit, Klarheit und Geduld, indem wir sie uns verordnen. Wir können auch nicht einfach „loslassen", wie das immer empfohlen wird. Und „weniger zu wollen" funktioniert genauso wenig, wenn da noch etwas in uns ist, „das einfach mehr will". Wir können uns nicht selbst hinters Licht führen. Einfachheit, Klarheit und Geduld müssen sich aus uns selbst heraus entwickeln. Sie müssen zu unserem natürlichen Zustand werden. Nur dann können sie in uns ihre Wirkung entfalten.

Das alles ist eine Frage der Übung. Alles, was wir uns zu eigen machen wollen, können wir nur durch Übung erlangen. Wir praktizieren Einfachheit, Klarheit und Geduld, und damit gehen sie uns in Fleisch und Blut über. Indem wir einfach, klar und geduldig sind, werden wir es. Indem wir eine Form üben, die all diese Elemente enthält, können wir diese Fähigkeiten in uns selbst entdecken und fördern.

Wenn wir das mit Geduld tun, festigen wir einen gelasseneren Zustand in uns, dank dessen wir unseren Sinneswahrnehmungen und Reaktionen nicht mehr willkürlich ausgeliefert sind, wie das bislang der Fall war. Wir sehen vielmehr, wie alles zusammenhängt. Wie Reize von außen auftauchen und wie wir automatisch darauf eingehen (ohne dass es uns in der Regel bewusst ist). Wie unser Leben nahezu in einer unendlichen Kaskade von Geschehnissen und Reaktionen darauf abläuft. Wie wir konditioniert handeln – und wie damit ein Automatismus von äußeren Reizen und inneren Reflexen entsteht, aus dem wir uns nur schwer befreien können, wenn wir ihn nicht sehr bewusst erleben und wissen, wie wir mit ihm umgehen können.

Woher kommt wahre Zufriedenheit? Das ist eine der wesentlichen Fragen im Zen, und wenn wir sie beantworten wollen, müssen wir lernen, uns selbst genau zu beobachten. Denn es geht ja nicht darum, irgendetwas blind zu übernehmen oder einer weiteren Theorie aufzusitzen, sondern wir wollen zum wirklichen Kern vordringen – es wirklich erfahren.

Wenn wir Zazen praktizieren, vollzieht sich genau das. Wir lernen uns zu beobachten, und wir sehen, was in uns geschieht. Und wir beginnen zu verstehen, was wir tun müssen, um nicht mehr blind allem ausgeliefert zu sein.

Shunryu Suzuki sagte einmal: „Das Allerwichtigste ist, fähig zu sein, das Leben zu genießen, ohne sich von den Dingen in die Irre führen zu lassen."

Was für ein schöner Gedanke, was für eine weise Lebensphilosophie in einem schlichten Satz. Aber sich nicht in die Irre führen zu lassen, ist gar nicht so einfach, weil vieles ja unterhalb der Schwelle des Offensichtlichen geschieht. Deshalb also Zazen. Zazen bringt uns in die Tiefe und lässt uns diese unbewusst ablaufenden Mechanismen wahrnehmen und sie so auch verändern.

Natürlich braucht das Zeit. Es ist ein langsamer Prozess. Zuerst sehen wir nur, wie alles abläuft, ohne dass wir das Geringste tun können. Durch Übung beginnen die Automatismen sich abzuschwächen. Wir merken, dass unsere gewohnten Reaktionen sanfter werden und alles mehr zur Ruhe kommt.

Diese zunehmende Ruhe ist ein neuer Ausgangspunkt. Sie ermöglicht uns, immer klarer wahrzunehmen. Ohne eine gewisse Geistesruhe kann es keine Klarheit geben. Je unruhiger unser Geist ist, desto weniger Klarheit haben wir. Je ruhiger und stiller es in uns wird, desto klarer wird unser Leben. Nur mit einem stillen Geist ist Klarheit möglich. Dann liegt plötzlich alles auf der Hand. Plötzlich werden Zusammenhänge klar. Plötzlich wissen wir, was zu tun ist. Und all dies einfach nur, weil wir uns entschieden haben, uns für eine gewisse Zeit im „Nichtstun" zu üben.

Wenn wir die Klarheit auf diese Weise in uns fördern, verändert sich unweigerlich unser Verhalten. Unser Verhalten ist immer eine direkte Ausdruckweise unseres Innern, und wenn dieses ruhiger, klarer und präziser wird, werden es auch all unsere Handlungen und Entscheidungen.

Das ist es, was ich an Zen so beeindruckend finde: Ich muss einfach nur still sitzen. Nichts tun. Beobachten. Atmen. Achtsam sein. Das Gleichgewicht finden. Die Dinge sich klären lassen. Das löst einen Prozess in uns aus, der in unserer gewöhnlichen Wahrnehmung schwerlich entstehen kann. Alles beruhigt sich. Alles weist sich. Alles wird einfacher und offensichtlicher. Einfach, indem wir regelmäßig immer wieder nichts tun.

Indem wir Zazen praktizieren, ordnet sich alles, was wir durch unser automatisches und meist hektisches Agieren durcheinandergebracht haben. Wir geben dem Natürlichen die Gelegenheit, sich wieder ausdrücken zu können.

Die neue innere Ordnung, die sich langsam entwickelt, lässt uns bewusster agieren. Wir nehmen Prioritäten klarer wahr, und gleichzeitig ist auch offensichtlicher, wovon wir besser die Finger lassen. Wir treffen seltener unglückliche Entscheidungen.

Das macht das Leben unweigerlich einfacher. Je klarer unser Geist, desto klarer unser Leben. Und umgekehrt gilt natürlich genauso: Je überdrehter und ungeordneter unser Geist, desto mehr zeigt sich das auch in unserem Alltag.

Wir können beispielsweise erkennen, wie unser unsteter Geist direkt Anspannungen im Körper bewirkt und wie das zu Stress führt. Wir sehen, welche Mechanismen da eigentlich in uns ablaufen und welche Folgen sie haben.

Von diesen Prinzipien ist das Berufsleben nicht ausgenommen. Eine Kombination aus Klarheit, Einfachheit und Ausdauer entwickelt immer eine größere Durchsetzungskraft als Unklarheit, Verzettelung und kurzatmiges Agieren. Dabei meint Klarheit ebenso Ehrlichkeit, Einfachheit steht für Konsequenz, und Ausdauer ist nötig, um Qualität zu erreichen. Man kann zwar für kurze Zeit zweifellos auch auf unehrliche Weise Geschäfte machen, man kann umtriebig diversifizieren und sogar zweifelhafte Ware anbieten, auf längere Sicht wird sich dies jedoch nicht auszahlen.

Auf ehrliche Weise das tun, was man gerne und gut tut. Das ist der Zen-Geist, von dem wir selbst am allermeisten profitieren. Alles andere ist nur Geschäftemacherei und bringt uns nicht weiter.

Das, was dafür nötig ist, ist in uns bereits angelegt – und Zazen führt uns dahin, wo wir es finden können. Und wenn der

Zugang zu dieser Essenz mit der Zeit stabiler wird, können wir sie mehr und mehr auch im Äußeren und in unseren Handlungen ausdrücken. Das wird weitere Kreise ziehen und sich auf unser ganzes Leben auswirken. Zazen entwickelt eine Qualität, die mit dem richtigen Verständnis und dem Maß der Übung immer durchdringender wird.

Wenn wir hingegen zu viel wollen, nicht wissen, was uns wirklich wichtig ist, wenn wir andauernd meinen, etwas zu verpassen und deshalb viele Dinge gleichzeitig angehen, wenn wir mal so entscheiden und das nächste Mal wieder ganz anders, dann verwirrt uns selbst das am meisten. Wir müssen etwas finden, wovon wir ausgehen können. Einen ruhigen Punkt von wirklicher Stabilität. Eine Überzeugung, die hält. Je tiefer diese ist, desto mehr Erfolg werden wir im Leben mit ihr haben. Nicht unbedingt nur quantitativen Erfolg, sondern vor allem das Gefühl, das Richtige zu tun und davon zu profitieren.

Ich denke mir, dass die meisten über lange Zeit wirklich erfolgreichen Menschen von einer wahrhaften Überzeugung getragen werden. Unabhängig von den verschiedenen Gebieten, auf denen sie tätig sind und auf denen sie reüssieren, sind bei ihnen oft dieselben Merkmale festzustellen: echte innere Motivation, Engagement und Ausdauer. Sie haben das gefunden, was ihnen einen Sinn gibt und ihnen entspricht, und sie tragen das mit großer Freude nach außen. Ihnen ist völlig klar, was sie tun wollen, sie verzetteln sich deshalb nicht, und es käme ihnen nie in den Sinn, vorschnell aufzugeben. Denn dafür liegt ihnen ihre Sache viel zu sehr am Herzen.

Wenn man wirklich in seinem Element ist, wird man von etwas getragen, das einen vor den vielen Hindernissen, die immer wieder auftauchen, nicht haltmachen lässt. Man empfindet eine Art Mission. Die Mission mag klein sein – aber es ist die eigene. Dabei ist sogar unwesentlich, ob man über großes Talent verfügt. Es ist nicht in erster Linie das Talent, das sich auf lange Sicht durchsetzt, sondern Motivation und Ausdauer. Menschen, die meinen, dass ihr Talent ausreiche, verschwinden meist schnell wieder von der Bildfläche. Aber so manch einer, der sich sein Können erarbeiten musste, setzt sich längerfristig damit durch. Wenn man bereit ist, sich Können anzueignen, und die Geduld besitzt, auf die richtigen Chancen zu warten, hat man die besten Voraussetzungen dafür, dass es klappt.

Geduld und Hingabe – das ist es, womit wir Dinge verändern können. Sie lassen Gelassenheit entstehen. Man weiß einfach, was einem wichtig ist, und geht dieser Sache nach. Mag es einfach oder schwierig sein, einträglich oder weniger lukrativ – man tut es, weil es einem entspricht.

Mit dieser Haltung werden wir auf jeden Fall erfolgreich sein. Zumindest für uns selbst. Manchmal kommt sogar äußerer Erfolg hinzu – den nehmen wir dann an, schätzen ihn und sind gleichzeitig auf der Hut, damit er uns und unserem wahren inneren Anliegen nicht in die Quere kommt.

„Das Glück bevorzugt den vorbereiteten Geist", heißt es, und ich wünsche mir sehr, dass dieser Satz zutrifft. Denn Zen macht ja nichts anderes, als unseren Geist vorzubereiten und zu schulen, damit er uns einfacher und besser durchs Leben führen kann.

Wir erkennen dann, dass unsere gewöhnliche Wahrnehmung leider nicht immer hält, was wir uns von ihr versprechen. Sie tänzelt meist nur auf der Oberfläche. Und wie sollen wir herausfinden, was wir uns aus tiefstem Herzen wünschen, wenn das einzige Instrument, das wir zur Erkundung haben, einfach nicht in diese Tiefe vordringt?

Wir müssen uns also unsere Wahrnehmung ein wenig genauer anschauen.

Der Wandel in der Wahrnehmung

Nichts beeinflusst unser Leben so sehr wie unsere Aufmerksamkeit. Sie entscheidet über alles. Was wir wahrnehmen und wie wir es wahrnehmen – und welche Chancen wir infolgedessen auch für uns wahrnehmen können.

Das Erfassen und Verarbeiten von Eindrücken ist der Schlüssel zu unserer Welt. Das geht so weit, dass unser Leben nicht nur von dem geprägt wird, was wir sehen, sondern dass wir umgekehrt auch zunehmend nur das wahrnehmen, was unserem bisherigen Leben und unseren Programmen entspricht. Wir funktionieren so selektiv, dass alles, was nicht in unser gewohntes Bewertungsraster passt, von unserem Bewusstsein automatisch aussortiert wird. Und je länger wir dies tun, desto kleiner und eintöniger wird der Raum unseres Lebens.

Unsere Gedanken sagen also vor allem etwas über uns selbst aus – und weniger über die Realität, wie sie ist. Aber weil wir beides mangels besseren Wissens meistens für das Gleiche halten, entsteht einige Verwirrung.

Zum Glück aber ist unsere Wahrnehmung nicht unveränderlich festgelegt. Wir können sie üben wie alles andere auch. Sie lässt sich enorm verfeinern und verbessern. Und wenn wir erst einmal damit beginnen, merken wir erst, wie plump, oberflächlich und hektisch sie bis dahin war. Wenn wir genauer darauf achten, können wir mehr und mehr Unterschiede in unserer Wahrnehmung feststellen. Ob wir bewusst achtsam sind oder nur beiläufig, verändert die Qualität unserer Erkenntnis und unseres Lebens ganz entscheidend.

Wir sind, was wir wahrnehmen – auf diesen kurzen Nenner könnte man alles bringen. Je ruhiger, stabiler und bewusster unser Geist ist, desto mehr ist er in der Lage aufzunehmen. Je hektischer er agiert, desto enger wird sein Spielraum. Ein unruhiger Geist ist immer unzufrieden. Nur ein ruhiger Geist findet Frieden.

Eine unserer bedeutendsten Freiheiten liegt vielleicht darin, dass wir unsere Fähigkeit zur Wahrnehmung verändern können. Durch Übung wird unsere Wahrnehmung subtiler, achtsamer und wesentlich aufnahmefähiger – und so eröffnen sich uns ganz neue Möglichkeiten.

Eine erweiterte Sichtweise führt immer auch zu neuen Perspektiven.

Zen setzt genau da an und lässt uns erkennen, wie eingeschränkt unsere Sicht sein kann und wie sehr wir uns in einem Korsett von Annahmen und Vorurteilen bewegen, wenn wir nicht Acht geben. Und wir entdecken dann, wie einschränkend sich dies auf uns und unser Leben auswirkt. Wir alle haben die Tendenz, einen kleinen Ausschnitt der Wirklichkeit (das, was wir aufgrund unserer Aufnahmemöglichkeiten erfassen können) als Ganzes zu sehen (weil wir sonst ja nichts kennen) – und das macht uns oft voreingenommen und kleinmütig. Wenn wir unsere Wahrnehmung ausschließlich auf die begrenzten Objekte um uns herum richten, limitieren wir unsere Erfahrungen in kaum fassbarem Maße. Und weil unsere Umwelt so hektisch geworden ist und uns in jedem Moment so viel anbietet, wird unsere Aufmerksamkeit nahezu ununterbrochen von diesen Aktivitäten gebunden und fixiert.

Wir können unsere Wahrnehmung so kaum je frei schweifen und sich ausdehnen lassen, um Neues zu entdecken und wirklich Raum entstehen zu lassen. Immer sind wir mit irgendwelchen Aktivitäten beschäftigt, die unsere Aufmerksamkeit in Beschlag nehmen und auf einen kleinen Ausschnitt der Realität reduzieren.

Unsere gewohnte Wahrnehmung engt uns einfach enorm ein. Wir leben damit abgekapselt vom großen Ganzen – und genau das ist es, was wir empfinden. Wenn wir mit Zen-Meditation beginnen und ruhiger werden, verändert sich gleichzeitig das Feld unseres Erkennens. Wenn Körper und Geist für eine Weile zur Ruhe kommen, merken wir, dass sich dadurch unsere Wahrnehmung ausweitet, verfeinert und vertieft.

Es ist diese Aufmerksamkeit, die alles ans Licht bringt.

Dafür müssen wir einfach nur das Gegenteil dessen tun, was wir bisher getan haben. Eben weniger statt mehr. Ruhiger werden statt aktiver. Ein wenig gelassener statt noch angespannter.

Wenn wir unsere Aufmerksamkeit nach innen lenken, werden wir ein kleines Wunder erleben. Wir nehmen mehr und mehr das ganze Sammelsurium von Gedanken, Gefühlen, Hoffnungen, Beurteilungen und Ängsten wahr, aus dem wir bestehen. Weit und breit keine Spur eines ruhigen Geistes. Ein Gedanke folgt dem andern und lässt uns kaum Zeit, etwas genauer zu betrachten. Und vor allem: Wir merken, dass wir keinerlei Einfluss darauf haben, was wir eigentlich denken. Ein Gedanke kommt, dann taucht schon der nächste auf, wir werden von ihm in Beschlag genommen, hineingezogen, verlieren uns darin, schweifen ab. Und das meist völlig unabhängig davon, was im Moment in der Realität wirklich abläuft. Unsere Gedanken befassen sich zum allergrößten Teil mit Vergangenem, längst Geschehenem, oder mit Zukünftigem oder mit reinen Vermutungen, von denen wir nicht wissen, ob sie sich jemals so einstellen werden. Bei den allermeisten Gedanken handelt es sich also um rein spekulative Erwägungen und surreale Vorstellungen – aber nicht um das, worum es wirklich in diesem Moment geht. Und davon lassen wir uns in Beschlag nehmen und verpassen dabei das, was jetzt gerade ist, und übersehen, wo unsere wahren Möglichkeiten liegen. Da läuft ein seltsamer, automatischer Prozess ab, auf den wir kaum Einfluss haben. Wir können ihn nicht stoppen und wir können ihm nicht entkommen.

Unser Denken kann sich selbst nicht durchschauen. Es ist in dem gefangen, was es selbst produziert. Wenn wir uns in Gedanken verlieren, wenn wir diesem oder jenem nachhängen, bedeutet dies nur eines: Wir sind dann nicht wirklich präsent für unser Leben, wie es ist. Unser Geist ist ganz woanders als unser Körper. Das heißt, Körper und Geist gehen in diesem Moment getrennte Wege. Wie sollen da Einheit und Klarheit herrschen?

Im Zen führen wir beide Dimensionen zusammen. Wir sitzen hier und bringen unseren Geist zurück zu dem, was ist. Wenn er abschweift, fokussieren wir ihn einfach wieder auf diesen Augenblick. So vereinen wir im Zazen körperliche und geistige Haltung.

Und aus dieser einen Haltung entsteht Achtsamkeit, eine präzisere und weitere Wahrnehmung, die nicht durch Gedanken und Bewertungen verfälscht wird.

Wenn Körper und Geist vereint sind, verändert sich unsere Wahrnehmung. Sie wird klarer und scheint nicht mehr an der Oberfläche haltzumachen. Durch das Zusammenbringen von Körper und Geist entsteht eine andere, eine konzentriertere Energie in uns, die sich auch auf unsere Wahrnehmung auswirkt. Diese wird wesentlich lebendiger und gleichzeitig bedeutend subtiler.

Sind Körper und Geist ausgeglichen, können wir das erfahren, was im Zen als „Ki" bezeichnet wird: die eigentliche und ursächliche Energie, die unserem Leben zugrunde liegt und von der alle Aktivität getragen wird. Ohne ein Verständnis und ein Empfinden von Ki (chinesisch: Qi) können wir aus der Sicht des Zen dem tieferen Geheimnis des Lebens nicht näher gekommen. Durch die richtige Haltung und Atmung können wir Ki wahrnehmen, und damit verändert sich unser Verständnis des Lebens von Grund auf.

Das beeinflusst unweigerlich unsere Sichtweise und damit unsere Alltagsrealität. Je subtiler unsere Wahrnehmung und je offener unser Empfinden ist, desto größer sind die Möglichkeiten, die wir erkennen können.

Im Zen vertrauen wir voll und ganz auf diesen Prozess. Wir lassen uns immer weniger von unseren Gedanken an der Oberfläche ablenken und bekommen dadurch einen ganz anderen Zugang zu uns selbst. Wir sehen, dass unser Ego eigentlich vor allem eine Einschränkung unserer Sichtweise bewirkt.

Eine genauere Wahrnehmung kann uns da sehr helfen. Wir nehmen mehr wahr, wir nehmen subtiler wahr, und wir bleiben ruhiger dabei. Und diese Entwicklung kennt kein Ende.

Wenn wir sehr aufmerksam sind, beginnt sich für uns alles zu fügen. Alles scheint perfekt zusammenzupassen. Dinge geschehen zunehmend wie von selbst. Wir müssen nur beobachten und der natürlichen Entwicklung nicht im Wege stehen. Es kommt uns vor, als seien wir Teil einer großen, unendlichen Bewegung und eines unfassbar faszinierenden Ablaufs. Da gibt es keinen Kampf mehr. Alles nimmt einfach seinen natürlichen Lauf – und das ist das Beste.

Aber um unsere Aufmerksamkeit wird überall heftig geworben. Man lässt uns nicht in Ruhe. Unternehmen, Medien und Verkäufer buhlen ununterbrochen darum. Firmen investieren Millionen um Millionen, um uns für sich und ihre Anliegen zu gewinnen. Politiker wollen gehört und Nachrichten verkauft werden. Popstars und Medien dringen in unseren Alltag ein – es gibt kaum einen Moment, in dem niemand an unserer Aufmerksamkeit zerrt.

Aufmerksamkeit gilt heute als höchstes Gut, denn sie entscheidet über alles. Wohin wenden Sie Ihre Aufmerksamkeit? In Richtung einer der Verlockungen oder nach innen – zu sich selbst? Wem und was schenken Sie Ihre Zeit?

Auf diese geistigen Bewegungen müssen wir Acht geben. Unsere Aufmerksamkeit entgleitet uns schnell. Sie ist leicht verführbar. Ein Sekundenbruchteil – und sie ist weg. Aber es ist *unsere* Aufmerksamkeit, und sie führt zu unserem Leben. Es wäre also von Vorteil, wenn wir sie möglichst klug in unserem Sinne einsetzten.

Wir können entscheiden. In jedem Moment liegt die Entscheidung über unsere Aufmerksamkeit bei uns. Das ist unser Hoheitsgebiet, und wir sollten es nicht leichtfertig abtreten.

Wenn wir unsere Wahrnehmung durch die Praxis der Zen-Meditation für eine gewisse Zeit immer wieder nach innen wenden und sie sich dadurch mehr und mehr vertieft, werden wir einen herrlichen Zustand entdecken, der unabhängig und frei von allen störenden Gedanken und Einschränkungen ist. Das befreit uns wohltuend von unseren alten Sichtweisen. Hier ist alles klar und offen. Und in dieser absoluten Klarheit ohne Widerspruch können wir mit unserer Achtsamkeit ruhen und sie dann weiter und weiter ausdehnen.

Dadurch ergibt sich ein ganz anderes Spektrum der Wahrnehmung, eine ganz andere Form des Erkennens. Wenn die Gedanken uns nicht im Zaum halten, wenn wir außerhalb ihrer vereinnahmenden Kontrolle sind, eröffnen sich uns ganz neue Ansichten.

Gedanken sind nicht per se schlecht, aber eben nur ein sehr, sehr kleiner Teil der Wirklichkeit. Wir sollten uns nicht darauf beschränken. Wir vergeben sonst zu viele und zu schöne Möglichkeiten.

Nur Achtsamkeit kann unser Bewusstsein verändern. Dieser Weg führt unmittelbar zu mehr Qualität. Sobald wir achtsam sind, stellt sich mehr Qualität ein. Und wenn unsere Sicht der Dinge subtiler und befreiter wird, dann überträgt sich das auch auf unser Leben. Es ist unsere Achtsamkeit, die uns von starr

Gewordenem befreit. In jedem Augenblick können wir bewusster werden, wir müssen es nur tun. Es ist im Grunde nicht so schwierig. Ich glaube, es war Robert Lax, der Dichter, der einmal – so oder ähnlich – gesagt hat: „Man lernt Achtsamkeit am besten dadurch, dass man achtsam ist." So einfach ist es.

Mehr Ruhe ist gut dafür. Und es zählt nur, was jetzt passiert. Mehr Langsamkeit hilft auch. Einfach auf diesen Moment schauen. Auf diesem Moment in seiner ganzen Fülle und mit seiner immensen Ausdehnung.

Das hilft sehr, um das zu erkennen, worum es wirklich geht.

Neue Gewohnheiten
verändern das Leben

Das Schwierige an unseren Gewohnheiten ist, dass sie uns derart zur Gewohnheit geworden sind, dass wir sie irgendwann gar nicht mehr bemerken. Obwohl viele dieser uns zur zweiten Natur gewordenen Handlungen und Verhaltensmuster oft gar keinen Sinn mehr haben oder mittlerweile gar hinderlich sind, haben wir nicht die geringste Handhabe gegen sie: Wir sind uns ihrer gar nicht mehr bewusst. Unser Leben stagniert – und wir fragen uns, woher das wohl kommen mag.

Wenn man Zen zu praktizieren beginnt, werden diese Zusammenhänge offensichtlicher. Aber trotzdem kümmern wir uns im Zen nicht weiter um solche Fragen. Wir verschwenden keinen Gedanken daran. Wir tun nichts gegen alte, zementierte Gewohnheiten, die den Fluss unseres Lebens stagnieren lassen. Wir tun nur etwas für gute, neue Gewohnheiten, die unser Leben wieder in Fluss bringen.

Denn im Grunde ist alles einfach: Unser Leben wird von dem geprägt, was wir regelmäßig tun – und so formuliert sich auch der nächste Zen-Grundsatz: *Wir sind das, was wir regelmäßig tun.* Es ist wirklich derart simpel: Wir sind das, womit wir uns täglich befassen. Wenn wir unser Leben also verändern wollen, ist es am einfachsten, wenn wir uns neue Gewohnheiten zulegen. Wenn unser Leben ruhiger und klarer werden soll, benötigen wir einfach Gewohnheiten, die uns ruhiger und klarer werden lassen.

Wenn Sie Ihre Alltagsroutine verändern, wird sich Ihr Leben unweigerlich in eine neue Richtung entwickeln. Denn uns zu verändern bedeutet immer, unser bisheriges Verhalten zu verändern. Wir werden durch unsere Erfahrungen bestimmt, und wenn wir uns in neuen und besseren Erfahrungen üben, wird sich unser Leben davon zweifellos nicht unbeeindruckt zeigen.

Dieser Ansatz ist viel einfacher zu realisieren als zu versuchen, alte Gewohnheiten zu verändern. Zudem sind uns viele dieser festgefahrenen Verhaltens- und Denkmuster gar nicht bewusst und können entsprechend nicht direkt angegangen werden. Und auch wenn wir sie sehen könnten, täten wir uns schwer damit, da wir nun einmal die Angewohnheit haben, nichts aufgeben zu wollen, wenn wir nicht etwas anderes dafür bekommen. Wenn Sie lediglich etwas loswerden möchten, wird sich Widerstand in Ihnen regen. Wir trennen uns von etwas in der Regel nur, wenn wir etwas Besseres dafür erhalten.

Zen geht diese Schwierigkeit elegant und unprätentiös an: Es favorisiert einfach „den Weg der guten neuen Gewohnheiten". Eine gute neue Gewohnheit lässt sich aus Zen-Sicht beispielsweise in der Praxis der Meditation finden. Meditation lässt uns ruhiger, klarer und fokussierter werden. Sie löst alte Gewohnheiten wie Unruhe und Unklarheit – woher sie auch immer kommen mögen – nach und nach ganz von selbst auf.

Nicht von heute auf morgen. Und auch nicht einfach so. Aber durch kontinuierliche Übung kann sich vieles verändern.

Die Gewohnheiten, die wir am tiefsten verinnerlicht haben, prägen unser Leben am stärksten. Je stärker wir also eine neue

Gewohnheit werden lassen, desto größer ist auch die Chance, dass sie konstruktiven Einfluss auf unser Leben nimmt. Umgekehrt gilt: Je mehr wir Dinge tun, die uns verwirren und schaden, desto verwirrter und getriebener sind wir. Und je mehr wir meditieren, desto mehr Ruhe, Klarheit und Übersicht kann sich entwickeln.

Vieles in unserem Leben ist von unseren Gewohnheiten abhängig. Wenn wir uns um die Qualität unserer Handlungen bemühen, verändert sich ihre Wirkung. Was immer wir tun, solange wir es möglichst bewusst und gut tun, wird es immer vorteilhaft für uns sein. Diese Gewohnheit kann sich als von unschätzbarem Wert für unsere persönliche Entwicklung zeigen.

Wenngleich Zazen dafür die beste Übung ist, gibt es viele Möglichkeiten, unsere Wahrnehmung und Achtsamkeit zu verbessern. In jedem Moment ergeben sich Gelegenheiten. Wir können auf unsere Atmung achten, auf Töne, Geräusche, Düfte, den Wind, Bewegungen. Alles, was uns zu diesem Moment zurückbringt, ist hilfreich. Wenn Sie in einem Moment nichts Besseres zu tun haben, dann nehmen Sie ihn einfach genau wahr – Sie können nichts Besseres tun. Vielleicht wird sich Ihnen dann in diesem Augenblick eine Gelegenheit eröffnen, nur weil Sie präsenter sind und dadurch etwas, das bereits da ist, erkennen können.

Chancen zu erkennen ist eine ganz hervorragende Gewohnheit! Nichts erzwingen zu müssen, sondern einfach zu erkennen, was ist, und es dann zu nutzen.

Je mehr Gutes wir uns zur Gewohnheit machen, desto besser. Denn es ist offensichtlich, dass sich ein vom Stress geprägter Arbeitsalltag mit einer kärglichen halben Stunde Meditation die Woche nicht ausgleichen lässt. Ein gewohnheitsmäßig gestresster Mensch braucht eine stärkere Gewohnheit der Ruhe, um die Balance wiederzufinden. Wer nur ab und zu ein wenig meditiert, wird sich schwer tun, zur Ruhe zu kommen. Wer hingegen so viel meditiert, dass er in sich ruht, kann auch einiges an Stress ertragen, ohne sich gestresst zu fühlen.

Die Dinge ins richtige Gleichgewicht zu bringen, darum geht es im Zen.

Für gute neue Gewohnheiten sind Regelmäßigkeit und Rhythmus unabdingbar. Eine solide Gewohnheit ergibt sich durch regelmäßige, tägliche Übung. Denn innere Wandlung braucht Zeit und muss sich natürlich entwickeln. Unspektakuläres, aber beständiges Üben bringt weit mehr als ein paar großartige, Aufsehen erregende Aktionen, die danach im Sande verlaufen Einen Meister erkennt man daran, dass er einen langen Atem hat und weiß, dass es um das Üben von Kleinigkeiten geht. Die kontinuierlich verbesserten Kleinigkeiten sind das, was letztendlich den großen Unterschied ausmacht.

Die Gewohnheit einer ausbalancierten Haltung und einer tiefen Atmung können sich auf unser ganzes Leben auswirken. Ich hätte selber nie geglaubt, dass das tatsächlich in solch einem Ausmaß möglich ist. Ich habe vor vielen Jahren mit einer kleinen neuen Gewohnheit begonnen, und daraus hat sich ein völlig anderes Leben und eine ganz andere Sichtweise entwickelt. Ich habe mich einfach auf ein Kissen gesetzt und begonnen. Und ich habe nach und nach gelernt, dass ein weiserer Umgang mit uns selbst wirklich von unschätzbarem Wert ist. Aber wir können das nicht erzwingen, wir können nur lernen, es zuzulassen. Indem wir ruhig werden und uns nicht mehr von unseren Gedanken ablenken lassen, können wir alles, was notwendig ist, entdecken. Indem wir unsere Wahrnehmungsgewohnheiten verändern, erkennen wir eine ganz neue Welt in der alten. Wir sehen, dass nichts nur so ist, wie es scheint. Und dass das gerade auch uns selbst betrifft. Da ist weitaus mehr, als wir erahnen. Und wenn wir das entdecken, befreit uns das von so vielem, wofür wir bisher große Anstrengungen unternommen haben, ohne dass es uns das eingebracht hätte, was wir uns davon erhofften.

Wir können einfach ein bisschen ruhiger werden und schauen, was es uns bringt. Vielleicht liegt in dieser Ruhe ja mehr verborgen als in der ganzen Umtriebigkeit, die uns zwar beeindruckend auf Trab hält, aber uns gleichzeitig nicht wirklich erfüllt.

Ich glaube also, dass gute Gewohnheiten uns immer helfen. Aber dafür sind natürlich immer gewisse Bedingungen nötig. Gewohnheiten und Bedingungen gehen Hand in Hand. Wenn ich nicht die nötigen Bedingungen schaffe, können sich daraus nicht die gewünschten Gewohnheiten entwickeln. Von großer Bedeutung ist in dieser Hinsicht unser Umfeld. Wenn ich mir beispielsweise die Gewohnheit innerer Ruhe wünsche, muss ich die dafür nötigen Bedingungen verstehen und mich mit einem Umfeld umgeben, dass diese Bedingungen ermöglicht oder mindestens zulässt.

Ich kenne einige Menschen, die gerne meditieren würden, es aber nicht schaffen, weil sie nicht gerne eine halbe Stunde früher aufstehen wollen, um vor der Arbeit noch ein wenig Zazen zu praktizieren. Sich dafür Zeit zu nehmen ist aber die Bedingung für Zazen. Wird diese Bedingung nicht erfüllt, gibt es kein Zazen. Oder Menschen nehmen sich zwar die Zeit, aber dann zeigen sich vielleicht andere Hindernisse, beispielsweise in Form von Mitmenschen, die das alles unnötig finden und nicht tolerieren wollen oder einfach keine Rücksicht nehmen. Auch das macht eine regelmäßige Praxis natürlich schwierig. In solch einem Fall müssen Sie sich für Ihr Zazen einfach ein anderes Umfeld suchen und sich vielleicht mit Gleichgesinnten zusammentun. Es ist wichtig zu verstehen, dass Bedingungen und Umfeld die Basis sind, um gute neue Gewohnheiten zu entwickeln und zu vertiefen. Deshalb üben viele Menschen beispielsweise in Zen-Gruppen, weil es ihnen durch solch ein Umfeld leichter fällt, die Praxis aufrechtzuerhalten und sich nicht ständig durch Unruhe, Ablenkungen oder gar Unverständnis davon abbringen zu lassen.

Ein hilfreiches Umfeld ist sehr viel wert. Unsere Umgebung beeinflusst uns oft mehr als unsere ganze Erziehung. Das, was uns umgibt, prägt uns in hohem Maß. Unser Leben zu verändern ist oft deshalb so schwierig, weil wir uns innerhalb eines Umfeldes verändern müssen, das diese Veränderungen nicht mitträgt, sondern eher blockiert. Unser Umfeld will nicht, dass wir uns verändern – denn es passt ja gerade alles so schön. Zumindest für die anderen.

Man muss sich einfach kleine Möglichkeiten schaffen, es führt kein Weg daran vorbei. Wenn einem etwas wichtig genug ist, wird man Gelegenheiten finden, seinen Interessen Raum zu verschaffen.

Gewohnheiten und Umfeld sind also wichtige Ansatzpunkte dafür, um etwas zu verändern. Und die Zen-Praxis ist wie das Fundament dafür. Die Einsichten, die wir durch Zen-Meditation erhalten, verändern und stärken unser Selbstverständnis und unsere Klarheit so nachdrücklich, dass wir dann auch bereit sind, die nötigen Schritte bei unseren Gewohnheiten und unserem Umfeld zu machen.

Das braucht Zeit. Zen ist kein schneller Weg, sondern ein grundlegender. Und alles, was wirklich bedeutungsvoll ist, benötigt Zeit.

Je länger wir uns in Zazen üben, desto mehr wird es zum Kern von allem. Es lässt sich nur sehr schwer beschreiben, wie solch eine Haltung, die wir durch Meditation immer weiter verfeinern, zu etwas derart Essenziellem werden kann, dass unser ganzes Leben davon geprägt wird. All unsere gewöhnlichen rationalen Erklärungen helfen da nicht weiter. In der Haltung von Zazen scheint eine ganz eigene Magie zu liegen – so sagt man im Zen beispielsweise: „Wenn du in der Haltung von Buddha sitzt, bist du Buddha." In dieser aufrechten und ausgewogenen Position kommt einfach alles ins Lot, alles Unwichtige relativiert sich, alles findet seinen Platz. Das Natürliche kann wieder seinen wohltuenden und heilenden Einfluss geltend machen. Wir finden wieder zu dem, was wir zutiefst sind.

Deshalb konzentrieren wir uns ganz auf Zazen. Finden alles in dieser präzisen Haltung und Atmung und der damit verbundenen Achtsamkeit. Mehr gibt es nicht zu tun. Darin liegt der ganze Kern des eigenen Entdeckens. Es gibt nichts zu glauben und keine Dogmen zu vertreten. Wir sind völlig frei. Wir üben – und wir vertrauen ganz in dieses Üben.

Das ist die grundlegende Einfachheit, die uns weiterbringt. Es gibt viele andere gute Methoden, ohne jeden Zweifel, aber keine ist wohl so einfach und aufs Wesentliche reduziert wie Zen. Für mich persönlich waren andere Wege einfach nicht geeignet, weil sie mir oft zu kompliziert erschienen. Sie haben mich eher verwirrt, als dass sie etwas bei mir geklärt hätten. Und ich bin sicher, dass Kompliziertheit nie der Weisheit letzter Schluss sein kann.

Mir gefällt es sehr, dass man einfach Zazen praktizieren kann und sich zu nichts sonst verpflichten muss. Zen ist hier. Es lässt sich nicht nur im Zendo (dem Zen-Übungsraum) finden, sondern in jedem Lufthauch und in jedem Atemzug, in jedem Moment und überall, wo wir uns befinden.

Beginnen Sie einfach mit einer neuen Gewohnheit namens Zazen. Ganz still und ohne Erwartungen, denn Erwartungen hemmen vor allem das Mögliche, das uns heute noch unmöglich scheint, weshalb wir es gar nicht in Erwägung ziehen. Seien Sie einfach offen für eine Überraschung. Geben Sie der Langsamkeit eine Chance. Glauben Sie nicht, dass Stress ein Zeichen für Wichtigkeit ist, er deutet viel eher auf einen Mangel an Weitsicht hin. Tun Sie weniger – wenn möglich. Tun Sie es bewusster. Achten Sie auf die Qualität der Handlung statt auf das Ergebnis.

Darin kann eine ganz eigene, sich immer weiter vertiefende Intensität und Schönheit liegen.

Und Sie können es sich zur Gewohnheit machen, diese zu entdecken.

Übe täglich – und lasse nichts wichtiger sein als das!

Was wir nicht täglich tun, kann nicht zu einem wichtigen Teil unseres Lebens werden. Oder einfacher gesagt: Übung macht den Meister. Nur ist es gerade das, was uns Schwierigkeiten bereitet. Wir möchten die Ergebnisse lieber schnell, bequem und ohne großen Aufwand erzielen. Deshalb ist unsere Konsumgesellschaft auch ein so erfolgreiches Konzept, denn sie verspricht, dass wir alles kaufen können, was unser Herz begehrt. Jedes Glück scheint machbar.

Kaufe und du wirst glücklich!

Zen aber sagt: Übe und du wirst nicht weiter diesem falschen Glück hinterherlaufen!

Ersteres hört sich zweifellos einfacher an, aber Letzteres dürfte vermutlich ehrlicher sein.

Dabei geht es weder um Askese noch um Moral. Im Zen wird weder das eine noch das andere hochgehalten. Zen vertritt im Grunde gar nichts, und wenn doch, dann am ehesten eine Vorliebe für einen ruhigen, friedvollen Geist. Sobald man für eine Sache aber zu vehement einsteht, wird der Geist sofort unruhig, weshalb man eben auch das Beruhigen des Geistes nur auf zurückhaltende Art erreichen kann. (Deshalb liegt der Weg des Zen auch mehr im Üben begründet als im Debattieren. Wir debattieren höchstens darüber, weshalb Debattieren weniger bringt als direktes Üben!) Wenn wir Zen und die Zen-Meditation als Kunst betrachten, ist das vielleicht leichter verständlich. Man kann sich leidenschaftlich über Kunst auslassen, wird aber dadurch kein Künstler. Zum Künstler wird man, indem man sich künstlerisch ausdrückt. Und dafür braucht es zwei Dinge: Begeisterung und Übung. Ohne diese beiden elementaren Antriebskräfte kann sich keine Kunst entwickeln. Es ist die Tiefe der Hingabe, die letztlich über die Qualität entscheidet. Beim Zen ist das nicht anders.

Lassen Sie also nichts wichtiger sein als Ihr Zazen.

Vor allem zu Anfang ist das verständlicherweise schwierig: Zeit für die Praxis zu finden ist schwierig. Dazusitzen und nichts zu tun, all die wirren Gedanken auszuhalten, ist schwierig. Sich von den Zweifeln, die aufkommen, nicht vom Weg abbringen zu lassen – schwierig.

Aber weshalb ist so etwas Einfaches wie einfach nur still dazusitzen eigentlich so schwer hinzubekommen? Weshalb lassen wir uns so leicht ablenken?

Das liegt in der Natur unseres unruhigen Geistes. Schwierigkeiten wie diese sind der beste Beweis für unsere innere Unruhe. Wir meditieren aus demselben Grund, aus dem uns das Meditieren schwerfällt. Wir lassen uns von jeder noch so kleinen Sinnesregung in Bann ziehen. Alles scheint uns verlockender als nichts zu tun. Unser unruhiger Geist hechelt allem hinterher, was immer sich ihm anbietet.

Und genau das ist die Übung: Sich nicht mehr von diesem oberflächlichen Mechanismus beherrschen zu lassen. Sondern eine innere Ruhe zu entwickeln, die sich gegen diese Hektik behaupten kann und durch die wir wieder fähig werden zu entscheiden, was wichtig ist und was nicht.

Im klassischen Buddhismus wird dieser Weg des Fortschritts durch den „Edlen achtfachen Pfad" beschrieben. Die letzten drei der acht Schritte beziehen sich dabei auf die Meditation: Rechte Bemühung, rechte Achtsamkeit und rechte Konzentration.

Mit „rechter Bemühung" ist nichts anderes als die Disziplin gemeint, die nötig ist, um einen Zustand der Meditation zu erreichen. Diese Disziplin ist einfach unabdingbar. Wir müssen uns jeden Tag bemühen, sonst ist kein Forschritt möglich. Wir bekommen das Bessere nicht umsonst. Eine geduldige Übungspraxis ist nötig, um unsern Geist langsam wieder zu beruhigen und ihm so eine neue, ungetrübte Sicht zu ermöglichen. „Rechte Bemühung" meint, dass wir uns ganz bewusst dem Guten zuwenden und dadurch das, was weniger hilfreich ist, immer schwächer werden lassen.

Es geht um diese bewusste, geduldige Bemühung. Das ist nicht immer einfach. Es gibt Tage, da geht es leichter, und es gibt Tage, da geht kaum etwas. Aber auch das gehört dazu. Wenn etwas nicht so gut läuft, ist das eine genauso gute Übung, wie wenn uns alles leicht von der Hand geht. Es geht nicht um „gut" oder „schlecht", es geht darum, dass wir es geduldig versuchen. Aber manchmal ist das natürlich leichter gesagt als getan.

Und doch gibt es nichts Lohnenderes. Charlotte Joko Beck, eine wundervolle Zen-Lehrerin, hat einmal so schön gesagt: „Das Üben von Meditation wird allmählich das Beste und Schönste sein, was Sie in Ihrem Leben haben."

Genau das ist es. Wir sitzen einfach, jeden Tag für eine gewisse Zeit, nehmen eine bestimmte Haltung ein, atmen in einer gewissen Weise – und lassen uns während dieser Zeit durch nichts mehr vereinnahmen. Von keinen Gedanken, keinen Wünschen oder Gefühlen, von keinen Erwartungen und keinen Hoffnungen. Mit jedem Mal werden wir ein wenig freier, weil wir uns mehr und mehr von all dem distanzieren können und sehen, welche neue Weite und welche Möglichkeiten sich dadurch ergeben.

Die Zeit, die wir uns für dieses Innehalten geben, ist das Entscheidende. Das Innehalten bringt unseren Geist nach und nach zur Ruhe. Und je häufiger und länger wir das tun, desto ruhiger wird er.

Deshalb ist tägliches Üben so hilfreich.

Man kann alleine sitzen oder in einer Gruppe. Ein guter Lehrer oder eine gute Lehrerin kann hilfreich sein. Tendenziell wird Zazen in der Gruppe praktiziert, aber es gibt auch Zen-Meister (und Zen-Freunde wie mich), die das Sitzen für sich allein bevorzugen. Schön finde ich persönlich auch das Sitzen zu zweit, aber das ist wirklich reine Empfindungssache. Man muss ausprobieren, was einem eher liegt, und seine eigenen Erfahrungen machen.

Bei einem Lehrer ist wichtig, dass er das rechte Verständnis hat – aber das kann man als Anfänger nur schwer beurteilen. Er sollte die Zusammenhänge und Praxis nachvollziehbar erklären können. Genauso wichtig ist, dass er deutlich macht, dass seine Erklärungen immer nur unzureichend sein können, weil sich das Wahre nicht durch Worte ausdrücken lässt. Es muss von jedem selbst gefunden und erfahren werden. Worte sind deshalb immer nur Annäherungen. Entscheidend ist vielmehr, was der Lehrer durch sein eigenes Sitzen und sein Wesen ausdrückt. Lebt er das, was er lehrt?

Innere Ruhe ist dabei ein vielversprechendes Zeichen. Wenn jede Form von Verbissenheit fehlt, ist das ebenso ein hilfreiches Indiz. Und wenn ein Lehrer keinen Wert auf Titel und Anerkennung legt, ist er möglicherweise ein wahrer Meister seines Fachs.

Lehrer sind keine Heiligen und haben wie alle Menschen ein Ego, auch wenn sie möglicherweise sehr tiefe Einsicht in das Leben gewonnen haben. Ich plädiere einfach dafür, vorsichtig zu sein. Es gibt vermutlich mehr Schüler, die von ihren Lehrern enttäuscht wurden, als solche, die durch sie Erleuchtung erfahren haben. Man sollte einem Lehrer nicht einfach von Anfang an blind vertrauen, sondern seine Qualität muss sich im Laufe der Zeit erweisen. Wenn man ihm dann aber vertraut, sollte man ihm voll und ganz vertrauen, denn das Vertrauensverhältnis ist die Basis jeder gemeinsamen Entwicklung.

Jeder von uns muss sein Zazen letztlich selber finden – indem er übt und dieses Üben sich immer weiter verfeinert. Wenn wir die Gelegenheit haben, dies jeden Tag zu tun, ist das sehr hilfreich. Wenn wir die Disziplin aufbringen, uns jeden Tag hinzusetzen und all die Ausreden an uns abprallen zu lassen, die sich immer finden lassen, dann können wir wirklich weiter kommen.

Irgendwann werden wir in uns „etwas" entdecken, das uns automatisch immer weiter gehen lässt. Zazen ist dann der einzige Lehrer, der noch nötig ist. Wenn wir einfach weitermachen und alles der Meditation überlassen, kommt irgendwann der Moment, da Zazen zu Shikantaza wird. Shikantaza ist das Sitzen, für das nichts mehr getan werden muss. Man muss die Haltung nicht mehr verbessern, muss den Atem nicht mehr vertiefen, und auch die Achtsamkeit ist voll und ganz da – alles ist getan, wenn man sich hinsetzt. Es scheint so, als hätte dann ein tieferes Wissen, welches aus einer großen inneren Ruhe und Kraft kommt, die Führung übernommen. Es gibt nichts mehr zu tun, wir können einfach nur noch zulassen, was geschieht. Und so geschieht das wirklich Beste für uns.

Man kann Bücher über Zen lesen und auch über Zen diskutieren. Das kann alles sehr bereichernd sein, aber wahres Zen lässt sich nur durch die Praxis von Zazen entdecken. Ich selber vertraue dieser Praxis voll und ganz. Meditation ist meine Grundlage. Ich habe absolutes Vertrauen in sie. Und so ist das Schöne am Zen ja auch, dass man es in zwei Worten ausdrücken kann: Einfach sitzen.

Einfach sitzen reicht aus, tatsächlich – wenn man es möglichst jeden Tag mit Hingabe tut.

Wenn wir regelmäßig zur Ruhe kommen, werden wir ein Empfinden dafür entwickeln, was wirklich gut ist. Und das wird uns noch stärker zum Sitzen motivieren – weil wir merken, wie gut es für uns ist. Es geht nur darum, den Anfang zu schaffen und die ersten Hürden zu überwinden. Wir dürfen uns einfach nicht von unseren alten Gewohnheiten den Schneid abkaufen lassen und allzu schnell aufgeben.

Regelmäßig, jeden Tag, langsam und ohne übertriebene Erwartungen. Das ist eine gute Form des Übens. Dann ist mehr möglich, als wir uns je vorstellen konnten.

Einfach indem wir still dasitzen und ruhiger werden.

Zazen –
die Übung
zum „Sitzen
in ausgeglichenem Zustand
von Körper und Geist"

Eine kurze Anleitung, die selbstverständlich keinen Lehrer ersetzt, aber dennoch einen ersten Vorgeschmack geben kann:

Finden Sie den Zeitpunkt des Tages, an dem es Ihnen am leichtesten fällt, eine regelmäßige Übungspraxis aufrechtzuerhalten. Für viele ist das morgens nach dem Aufstehen. Sie können Ihre Zen-Meditation mit einer Dauer von fünfzehn Minuten beginnen und dann nach Wochen oder Monaten auf bis zu vierzig Minuten steigern. Üben Sie lieber kürzer und dafür regelmäßiger. Das Wichtigste ist, dass Zazen zu einer neuen, guten Gewohnheit für Sie wird. Achten Sie bei der Praxis vor allem auf die drei nun folgenden Punkte.

Haltung

Die Haltung ist das A und O der Zazen-Praxis – keine andere Meditationsmethode legt so viel Wert darauf. Wichtigester Punkt ist dabei das, was im Zen als „Hara" bezeichnet wird. Es handelt sich um einen Raum im Unterbauch (das Zentrum liegt ungefähr vier Finger breit unterhalb des Nabels in der Mitte des Körpers). Dieser Raum wird im Zen wie auch in den asiatischen Kampf-künsten als „elementares Kraftzentrum" oder als „Ozean der Energie" angesehen. Wenn wir „Hara entwickeln", resultiert daraus mehr innere Kraft und Gelassenheit. Die Haltung ist im Zen deshalb so elementar, weil wir uns beim Zazen mit dem ganzen Körper auf dieses Hara als Mittelpunkt ausrichten. Und das geht so:

Setzen Sie sich auf die vordere Hälfte Ihres Zafu (Meditationskissen) und nehmen Sie die Lotus- oder Halblotus-Stellung (nur mit Vorübungen) oder die ange-nehmere burmesische Haltung (eine Art „Schneidersitz", bei dem die Unterschenkel jedoch nicht gekreuzt, sondern parallel vor einem liegen) ein. Die Fußsohlen zeigen dabei nach oben, und die Fußrücken und Knie werden gegen den Boden gedrückt – so bilden Hara, Knie und Beine ein ausgewogenes Dreieck. Das Wichtigste ist nun das leichte Kippen des Beckens. (Sonst wird Ihr Atem nicht tief genug gehen.) Es handelt sich dabei um eine Art „sanfte

Dehnbewegung" des Beckens noch vorne, die mit einem Aufrichten des Oberkörpers und des Kopfes verbunden ist. Der Bauch schiebt sich dabei etwas nach vorn, und das Gesäß bewegt sich nach hinten. Damit verbunden ist eine Streckbewegung des gesamten Oberkörpers, so als würde der höchste Punkt des Kopfes von einem imaginären Faden nach oben gezogen. Nur dank dieser Haltung, die wir als „aufrechte Ausrichtung" bezeichnen, können wir „im Mittelpunkt" unsere Körpers sitzen und den Atem so tief werden lassen, wie es nötig ist, um „das Ki im Hara" entstehen zu lassen. Die Kraft der Meditation entwickelt sich also, indem man den Körper aufrecht ausrichtet, das Becken leicht kippt und das Ki mit Hilfe der richtigen Atmung dann zu fließen beginnt.

Die Hände liegen vor dem Unterbauch, etwas unterhalb des Nabels (in etwas da, wo sich auch das Hara im Bauchinnern befindet), die Handflächen zeigen nach oben, die linke Hand liegt in der rechten, die Daumen berühren sich so, dass sie eine waagerechte Linie bilden. Die Augen können leicht geöffnet oder sanft geschlossen sein.

Wenn wir richtig sitzen, im Mittelpunkt des Körpers, dann lässt sich diese Haltung sehr stabil über längere Zeit aufrechterhalten – und aus dieser Haltung wird sich mit der Zeit eine durchdringende Kraft entwickeln.

Atmung

Die Zazen-Atmung ist ebenfalls speziell. Wir lassen sie ruhig und langsam werden, ohne das aber zu forcieren. Wichtig dabei ist: Wir führen die Ausatmung langsam und konzentriert in den Unterbauch (ins Hara) und verlängern diese dabei ganz bewusst ein wenig (wir dehnen sie also etwas aus). Das darauf folgende Einatmen geschieht dann wieder ganz von selbst und natürlich, so wie es sich ergibt. Die Ausatmung wird dann wieder bewusst und sanft ins Hara geführt. (Das Ausatmen kann dabei mit der Zeit bis zu doppelt so lang werden wie das Einatmen). So entwickeln wir das, was man als „Hara-Atmung" bzw. als Bauchatmung bezeichnet. Wir geben einfach einen minimalen Impuls in diese langsame Ausatmung hinein und sind uns so des Vorgangs voll und ganz bewusst – und spüren, wie er uns immer weiter zur Mitte führt. Wir sitzen also im Mittelpunkt des Körpers und atmen auch in diesen Mittelpunkt hinein. Man könnte sagen: „Wir sitzen und atmen im Hara" – unserem Zentrum.

Wichtig ist, dass wir diese sanft geführte Ausatmung in den Unterbauch wirklich nicht forcieren. Zu viel Kraft ist eher hinderlich, da der Atem so seine Geschmeidigkeit und Sanftheit verliert – und dann ist es kein Zazen mehr. Die Verlängerung des Ausatmens sollte sehr subtil und langsam geschehen – die Atmung wird auf diese Weise immer feiner, bis sie irgendwann kaum noch wahrgenommen wird. So wird sie tiefer und tiefer. Und je tiefer wir ins Hara atmen, desto mehr beruhigt sich der Geist. Aber lassen Sie sich dafür Zeit. Sie können eine sanfte Atmung nicht beschleunigen, nur zulassen.

Dieses Zusammenbringen von Körper und Atem entwickelt mit der Zeit eine ganz besondere Kraft. Diese Kraft ist der wahre Schlüssel zu Zazen.

Achtsamkeit

Richtige Körperhaltung und richtige Atmung sind nur durch hohe Achtsamkeit möglich. Während wir sitzen, sind wir mit unserer ganzen Aufmerksamkeit bei Körper und Atmung. Wir nehmen einfach diese absolut ausgeglichene, sich fortwährend vertiefende Haltung wahr. Wenn Gedanken kommen und uns ablenken, gehen wir – sobald wir es merken – einfach mit unserer Aufmerksamkeit zur Haltung und zum Atem zurück. Wir tun das immer und immer wieder, bis der Geist sich zu beruhigen beginnt. Was auch immer auftauchen mag während unserer Praxis (Empfindungen, Bilder, Mutmaßungen, Zweifel ...), wir halten unsere Achtsamkeit einfach bei der richtigen Haltung und dem dazugehörigen sanften, tiefen Ausatmen ins Hara.

So werden Körper, Atem und Geist eins, und dadurch entwickelt sich etwas ganz Neues.

Das ist Zazen.

Anmerkungen

1. Es gibt verschiedene Zazen-Methoden. Die hier geschilderte scheint mir für uns Menschen im Westen die am besten geeignete und wirkungsvollste zu sein, da sie unseren vernachlässigten Körper stark einbezieht und auch das Ki am leichtesten zur Entfaltung kommen lässt, was sehr hilfreich ist. Es gibt aber auch Schulen, in denen reines Beobachten des Atems ohne jegliche Einflussnahme empfohlen wird. In einzelnen Fällen kann ein Lehrer auch die Betonung der Einatmung nahelegen, was aber eher eine Ausnahme darstellt. Eine weitere Methode ist beispielsweise das Zählen des Atems, um den Geist zur Ruhe zu bringen.

2. Diese kleine Anleitung soll wirklich nur ein erster Hinweis für den Weg zum Zazen sein; hilfreicher ist zweifellos die Arbeit mit einem guten und geübten Lehrer. Falls Sie aber nicht auf Anhieb einen finden, können Sie wie hier beschrieben mit dem Üben beginnen. Buddha hat es schließlich auch so gemacht: Er setzte sich unter einen Bodhibaum und übte, bis er „seine" Meditationsform gefunden hatte. Auch wenn er vermutlich begabter in

diesen Dingen war als wir, so liegen doch all diese Möglichkeiten auch in uns. In der richtigen Haltung und ohne Druck und Erwartungen kann Meditation nie falsch sein.

3. Zazen ist die Grundübung der Zen-Meditation. Sie können dadurch das erreichen, was als „Samadhi" bezeichnet wird: Der Geist ruht dann absolut still in uns. Dadurch wird „Shikantaza" möglich, das reine Sitzen, wodurch wir nach und nach in immer tiefere Bewusstseinsschichten gelangen, was irgendwann ein „Satori" auslösen kann: „das Erleuchtungserlebnis". Ein Satori bedeutet noch keine dauerhafte Erleuchtung, verändert aber unsere ganze Sicht der Welt. Es ist, als hätten wir tiefer in unsere ganze Existenz hineingeblickt. Durch weiteres Praktizieren wird Satori stabiler, und wir handeln immer weniger aus der eingeschränkten Sichtweise unseres Ego heraus, was das Leben leichter und freier werden lässt.

Den Alltag zum Maßstab machen

Zen sollte sich vor allem in unseren Reaktionen auf das Alltägliche zeigen. Denn durch Zazen trainieren wir unsere geistige Haltung, in alltäglichen Situationen allmählich gelassener und weiser zu reagieren. Wie weit wir wirklich sind, zeigen deshalb unsere Handlungen und unser Umgang mit anderen Menschen. Wenn wir zwar ganz wunderbar in unserer Zazen-Haltung sitzen, aber im Alltag hektisch und aufbrausend reagieren, dann greift unser Zazen noch nicht.

Zazen ist der erste Schritt, aber es geht darum, diese Haltung zunehmend auch in den Alltag zu bringen: Denn dieser soll ja besser und entspannter werden. Manchmal genügt schon eine etwas gemäßigtere Reaktion – und alles kann sich anders entwickeln. Manchmal müssen wir einfach nur ein bisschen ruhiger bleiben – und schon geben wir einer ganz anderen Lösung Gelegenheit, sich zu zeigen.

Wenn wir wissen wollen, wie ein Mensch ist, dann müssen wir uns nur sein Leben anschauen. Darin ist er voll und ganz zu erkennen. Denn unser Leben ist ja nichts von uns Getrenntes, sondern direkter Ausdruck unseres Denkens und Handelns.

Praktizieren wir über einen gewissen Zeitraum Zen-Meditation, werden wir bemerken, dass wir in manchen Situationen anders zu reagieren beginnen. Einfach ein wenig umsichtiger und vielleicht weniger hektisch. Aussagen, die uns früher noch bis in Mark getroffen haben, wirken weit weniger bedeutend als zuvor. Situationen, die uns in der Vergangenheit zur Weißglut brachten, werden immer mehr zu Situationen, in denen es nur richtig zu agieren gilt.

Wir nehmen die Dinge einfach weniger persönlich. Es scheint, als sähen wir ganz andere Zusammenhänge und setzten neue Prioritäten. Eine neue Bewusstheit entsteht, die jeden Aspekt unseres Lebens verändert.

Und wir verstehen dann einen ganz entscheidenden Zen-Grundsatz: *Wir üben mit dem, was ist.*

Ist das Leben gut, üben wir mit dem, was ist. Ist das Leben schlecht, üben wir auch mit dem, was ist. Das ist Zen. Und jeden Tag erhalten wir unzählige Gelegenheiten, diesen Grundsatz anzuwenden.

Wenn der Chef uns in Rage versetzt, üben wir mit dem, was ist. Wir üben genau mit dieser Situation. Wir sehen, was geschieht. Wir sehen unsere Reaktion. Und wir wissen dank Zazen, dass wir immer unseren Atem haben, den wir in schwierigen Situationen gezielt einsetzen können.

Nach einer gewissen Zeit des Übens kann man mit zwei, drei Atemzügen die eigenen Reaktionen verändern – wenn man das denn will. Es geht ja nur darum, nicht weiter blind zu agieren. Wenn Sie aufbrausend sein wollen, seien Sie das ganz bewusst – und genießen Sie es auch. Wenn Sie sich aber über Ihre unkontrollierten Reaktionen ärgern, dann wissen Sie für das nächste Mal, dass Ihr Atem Ihnen helfen wird, ruhig zu bleiben und eine bessere Lösung zu finden.

Zen will Sie zu nichts drängen, es geht nur darum, dass Sie neue Möglichkeiten erhalten, die möglicherweise besser für Sie sind als die alten. Shunryu Suzuki hat das einmal sehr schön gesagt: „Je mehr Zazen ihr übt, desto mehr werdet ihr euch für euren Alltag interessieren. Ihr werdet herausfinden, was notwendig ist und was nicht; welchen Teil ihr berichtigen und welchen ihr stärker betonen solltet."

Das ist es, was geschieht, wenn man über längere Zeit Zazen praktiziert. Die ausgewogene Haltung dieser Übung beginnt sich im Alltag bemerkbar zu machen. Denn in unserem Leben geht es ja im Grunde darum, ein Gleichgewicht zwischen unserem Inneren und dem uns umgebenden Äußeren, zwischen dem Spirituellen und den Anforderungen des Alltags zu finden.

Dabei hilft uns der Atem. Sobald unser Geist unruhig wird, können wir das auch an unserem Atem erkennen. Aber umgekehrt kann ein geübter Atem eben auch Einfluss auf unseren Geist nehmen. Der Atem ist das Bindeglied zwischen Körper und Geist. Er ist der Vermittler zwischen ihnen.

Ruhig zu atmen kann von wirklich großem Nutzen für uns sein. Wir können dadurch Energie gewinnen und gleichzeitig unser Nervensystem beruhigen. Haltung, Atem und Achtsamkeit gehen Hand in Hand, aber wir können an jedem der drei Punkte beginnen. Wenn wir Zazen üben, verbinden wir diese drei Punkte miteinander – und wenn wir auf einen von den dreien zurückgreifen, greifen wir immer auch auf alle anderen zurück.

Wenn wir uns genau beobachten, werden wir sehen, dass durch eine Veränderung des Atems sich auch unsere Haltung verändert – und dass auch unsere Aufmerksamkeit eine andere wird. Dass Gleiche geschieht, wenn wir achtsamer werden – Haltung und Atmung gehen mit. Das mag subtil sein, aber es ist wahrnehmbar. So hat auch das Verändern der Haltung direkten Einfluss auf Atmung und Achtsamkeit. Alle drei sind immer miteinander verbunden. Wir können an jedem Punkt ansetzen, um Einfluss auf uns selbst zu nehmen.

Ein geübter Meditierender kann durch seinen Atem (im Zen geschieht dies jedoch in der Regel noch viel unmittelbarer durch das Hara) die Art und Weise seiner Reaktionen direkt beeinflussen und lenken. Das kann in schwierigen Situationen von unschätzbarer Hilfe sein. So haben wir die Möglichkeit, anders zu reagieren und, falls nötig, auch mehr Ruhe zu bewahren.

Unser Handeln scheint sich auf diese Weise zunehmend in eine Richtung zu entwickeln, die mehr Relevanz für uns selbst erhält. Wir tun eher, was nötig ist, und verlieren uns weniger in Aktivitäten, die uns eigentlich nichts bringen. Wir erkennen, wie oft wir im Leben aus reiner Unbeholfenheit in Aktionismus verfallen, anstatt ruhig zu bleiben, um zu sehen, was sich ergibt.

Der Alltag ist unsere Chance. Das, was sich in jedem Moment abspielt, ist die Gelegenheit. Wenn wir da unser Bestes tun, wenn wir uns einfach darum kümmern, dass wir unsere eigene Sache gut machen, dann ist das mehr als genug. Anstatt uns über andere aufzuregen, tun wir einfach unser Möglichstes, weil wir wissen, dass das ansteckend ist und auf andere übergehen wird. Unsere Ruhe und unser Engagement werden motivierend sein – und diejenigen, die sich davon nicht anstecken lassen, müssen sich selbst um ihr Problem kümmern.

Das wahre Zen drückt sich da aus, wo wir jetzt sind. In jedem Atemzug, in jeder Reaktion, in jedem Wort. Natürlich sind wir alle nicht perfekt – aber Perfektion wäre ja geradezu langweilig: Wir könnten uns nicht mehr entwickeln und uns an diesen Entwicklungen erfreuen!

Es gibt nichts Perfektes – aber in jedem Moment eben die Gelegenheit, ein bisschen mehr in diese Richtung fortzuschreiten!

Ein tibetischer Lama hat das einmal so gesagt: „Spirituelle Praxis ist nur, was man im Augenblick tut." Das trifft es doch sehr gut. Spirituelle Praxis ist das, was wir an unserem Arbeitsplatz tun. Wie wir mit unseren Kollegen umgehen. Mit welcher Sorgfalt wir unsere Arbeit erledigen. Wie wir kommunizieren. Wie wir unser Bestes tun. Mit welcher Haltung wir auch eine langweilige Arbeit erledigen, die einfach getan werden muss. In welchem Zustand wir unseren Arbeitsplatz zurücklassen, wenn wir nach Hause gehen. Ob wir die Kaffeetasse auswaschen oder sie einfach nur hinstellen. Ob wir uns am Erfolg anderer freuen können oder ob wir ihn ihnen missgönnen.

Zen bedeutet: aus dem allgemeinen Wettlauf auszusteigen und einfach nur das Beste zu tun, was im Moment möglich ist. Nicht mehr, nicht weniger. Den kleinen Dingen dieselbe Achtsamkeit entgegenzubringen wie den großen. Die Menschen gleich zu behandeln, ob wir von ihnen profitieren können oder nicht. Etwas zu tun, weil es uns Freude macht, einen schönen Beitrag zu leisten und nicht, weil wir uns erhoffen, dadurch möglichst viel zu gewinnen.

Alles beginnt bei uns selbst. Alles beginnt in jedem Moment. Das ist der Grund, weshalb der Alltag unser Maßstab ist.

Natürlich kann es helfen, sich hin und wieder zu einer längeren Übungsperiode (sogenannten Sesshins) zurückzuziehen, jeden Tag viele Stunden zu meditieren und sich in der richtigen Haltung zu üben. Aber man tut dies nur, um nachher wieder in den Alltag zurückzukehren und zu schauen, wie einem die gewonnene Erfahrung da weiterhilft. Wenn man zwanzig Jahre in einem Kloster meditiert hat und dort zu großer Ruhe gefunden hat und zu einem absolut universellen, beglückenden Frieden, danach aber in die Stadt zurückkehrt, und die Ruhe und der Frieden wieder schwinden, dann hat man nichts gewonnen.

Zen muss sich in jedem Moment bewähren. Im Kloster und in der Stadt. In der Meditation und im Alltag. Im Umgang mit geliebten Menschen ebenso wie in der Gehaltsdiskussion mit dem Chef.

Wie unser Alltag ist, so sind wir. Es zählt das Ganze – nicht ein paar kleine Highlights, mit denen wir uns gerne selbst etwas vormachen.

Ist unser Alltag das, was man ein gutes Leben nennen könnte? Nicht in erster Linie gut im Sinne von großen Annehmlichkeiten. Sondern gut, weil er Sinn hat und wir ganz im Frieden mit ihm sind?

Wir alle sind auf der Suche nach diesem guten Leben, denke ich. Wir mögen verschiedene Ansichten darüber haben, was darunter zu verstehen ist, aber wenn wir ein wenig genauer hinschauen, dann erkennen wir, dass unsere wahren Bedürfnisse weniger verschieden sind, als wir vielleicht meinen. Wir alle möchten Wertschätzung und brauchen Verbundenheit. Wir suchen nach Antworten, weshalb wir hier sind und was das alles soll. Und wir wollen ein angenehmes und möglichst friedvolles Leben führen.

Wenn wir Zen wirklich zu verstehen beginnen, werden wir allem näher kommen. Und das nicht nur in der Theorie, sondern in der Praxis – also im Alltag. Natürlich ist Zen kein Allheilmittel, doch es heilt zumindest uns selbst ein bisschen: unsere mitunter etwas seltsamen und festgefahrenen Sichtweisen. Unser unglückliches Gefühl, von allem getrennt zu sein. Und unser Unwissen darüber, wer wir eigentlich sind und was wir hier sollen.

Jede schwierige Situation
ist ein Zen-Training

Wir alle schätzen Schwierigkeiten nicht besonders, aber das Leben verhält sich nun einmal so, dass es uns immer wieder neue davon beschert. Es scheint dafür irgendwo ein unerschöpfliches Reservoir zu geben. Dabei mag es um größere oder kleine Belange gehen, es mag auch Phasen geben, in denen wir völlig sorglos vor uns hin leben können, aber irgendwann tauchen einfach immer wieder neue Unannehmlichkeiten auf, denen wir uns dann zu stellen haben: Unsere Gesundheit macht uns zu schaffen, die Arbeit erfüllt uns nicht, die Wohnung wird uns gekündigt, die Kinder zerren an den Nerven, Menschen enttäuschen uns, der Computer streikt, kaum läuft der Computer wieder, versagt der Drucker seinen Dienst, Abmachungen werden nicht eingehalten, Beziehungen gehen zu Ende – das Leben zeigt uns seine ganze Lebendigkeit, die eben gerade darin besteht, dass alles andauernd in permanenter Veränderung begriffen ist.

Wir können das nun betrachten, wie wir wollen, es für gut befinden oder nicht: Wir müssen einfach einen Weg finden, mit all dem möglichst klug umzugehen. Denn je mehr wir uns über solche Dinge auslassen und uns emotional in sie hineinsteigern, desto dramatischer werden sie natürlich. Wir können jede Schwierigkeit als ungerechtes Ärgernis auffassen oder einfach nur als eine Situation, die eben so ist, wie sie ist, auch wenn sie vielleicht dem zuwiderläuft, was wir uns wünschen. Diese Wertung geschieht allein durch uns. Für das Leben selbst ist nichts ein Problem. Dinge entstehen und vergehen, das eine entwickelt sich, und das andere verschwindet, was gestern war, kann heute schon nicht mehr sein – nur wir sind es, die manchmal ein Problem mit diesem eigentlich ganz natürlichen Vorgang haben. Das Leben selbst findet einfach statt – unsere Möglichkeit liegt darin zu wählen, ob wir uns weise mit ihm arrangieren oder ob wir gegen den Lauf der Dinge ankämpfen.

Aus Zen-Sicht sind Schwierigkeiten nichts anders als verschärfte Alltagssituationen – und entsprechend versuchen wir damit umzugehen. So wie unsere Alltagsreaktionen auch schon Schlüsse auf den Forschritt unseres Zen zulassen, so gilt dies in besonderem Masse bei Schwierigkeiten: Nie zeigt sich so klar, wer und wie weit wir sind, wie in schwierigen Situationen.

Jeder derartige Moment ist eine wundervolle Gelegenheit des Bewährens.

Achten Sie einfach darauf, welche Ereignisse es sind, die Ihre Gelassenheit untergraben, und Sie wissen um ihre wunden Punkte – und wo Sie anzusetzen haben. Zen im Alltag besteht zu einem Gutteil im Beobachten unserer eigenen Reaktionen und Muster. So sehen wir eine Schwierigkeit also weniger als Ärgernis, obwohl wir uns natürlich auch immer wieder mal ärgern, sondern eher als eine Gelegenheit, mehr zu verstehen, um damit wieder üben zu können.

Jede Schwierigkeit ist eine besonders geeignete Situation, unser Zen anzuwenden, und ohne diese Schwierigkeit, die sich uns nun bietet, würde uns diese wertvolle Möglichkeit entgehen. Deshalb ist unser Arbeitsplatz auch ein so gutes Zen-Übungsgebiet – weil sich hier immer besonders viele, manchmal sich geradezu auftürmende Schwierigkeiten ergeben. Tagein, tagaus haben wir uns mit Problemen herumzuschlagen. Was für eine Gelegenheit für uns zu üben, unsere Reaktionen zu beobachten und sie nach und nach zu verbessern!

Können wir klarer reagieren? Haben wir Zusammenhänge besser erkannt? Können wir warten, bis die Zeit reif ist für eine Lösung? Haben wir klüger entschieden? Konnten wir unsere Gelassenheit bewahren?

Unsere Reaktionen sagen alles über uns, und entsprechend können wir sie als wichtigen Forschungsgegenstand in eigener Sache nutzen. In unseren unzähligen kleinen Reaktionen und täglichen Entscheidungen liegt ein weitaus größeres Potenzial als in den wenigen großen Ereignissen, auf die wir in unserem Leben in der Regel blicken. Mit jeder kleinen, klügeren Reaktion können wir die Weichen ein wenig mehr in diese oder in jene Richtung stellen. Und morgen wieder. Und übermorgen erneut. Und daraus ergibt sich die wirkliche und dauerhafte Veränderung.

Die beste Möglichkeit herauszufinden, wer wir jenseits unserer so hartnäckig aufrecht erhaltenen Fassade eigentlich wirklich sind, besteht also darin zu beobachten, in welcher Art und Weise wir jeden Tag mit den Umständen unseres Lebens umgehen. Und Schwierigkeiten stellen da einfach eine besondere Gelegenheit dar. Denn solange alles gut läuft, sind wir immer obenauf; erst wenn es schwierig wird, zeigt sich, was tatsächlich in uns steckt.

Manchmal wirft uns etwas aus der Bahn, damit wir wieder ein wenig bewusster werden. Manchmal müssen wir tief sinken, um in den Niederungen unsere wahre Stärke zu finden. Es ist sehr verständlich, dass wir das nicht so haben wollen, aber manchmal ist das Leben klüger als wir und wirft uns etwas zu, damit wir uns beweisen können. Erst mit größerem Abstand können wir dem dann einen Sinn abgewinnen.

Dazu passt ein Gedanke des tibetischen Meditationsmeisters Yongey Minyur Rinpoche, der dieses Thema klug in einem Satz zusammenfasst: „Wenn wir uns die Zeit nehmen, unsere Sichtweise auf die Dinge anzuschauen, verändert sich unsere Sichtweise auf die Dinge."

Das ist der ganze Trick: Wir beobachten einfach genauer. Wir nehmen exakter wahr. Manchmal müssen wir nicht einmal mehr tun, als einfach abzuwarten, bis der nächste Impuls sich ergibt. Indem wir eine Sache genauer anschauen, erkennen wir sie anders, und dadurch verändert sie sich.

Manchmal haben wir für ein Problem unmittelbar eine Lösung – manchmal ist es die beste, manchmal auch nicht. Manchmal meinen wir nur, dass es die beste sei, weil sie unserer Gewohnheit entspringt. Wenn wir aber lernen, die Dinge auf eine spezielle Art zu betrachten, ohne dass wir uns einmischen, ohne dass wir sofort urteilen und bewerten, und auch ohne dass wir eigentlich nach einer Lösung suchen – dann taucht sie erstaunlicherweise meist auf.

Das ist Zazen in Aktion. Es geht um dieselbe geistige Haltung wie beim Sitzen: Es geht mehr um das richtige Zulassen als um das falsche Erzwingen. Wir warten ab, schauen es uns an, und irgendwoher kommt dann ein Impuls. Wir wissen, dass innere Unruhe immer der schlechteste aller Ratgeber ist. Sobald unsere innere Unruhe überhandnimmt, geben wir das Steuer aus der Hand. Sobald wir uns zu übereilten, musterhaften Reaktionen hinreißen lassen, verschwinden die wirklichen Gelegenheiten.

Nur durch eine ruhige Geisteshaltung können wir die jeweils vielversprechendste Lösung finden.

Auch die legendären japanischen Samurai waren sich dieser Tatsache bewusst. Sie übten sich so sehr in Geistesruhe, dass sie auch im schwierigsten Moment des Kampfes, wenn es um Leben und Tod ging, gelassen bleiben konnten. Denn sie wussten: Derjenige, der zuerst seine Ruhe verliert, ist verloren. Wer die Ruhe verliert, wird erkennbar. Er wird berechenbar. Denn Unruhe hat immer eine Tendenz zum Ungleichgewicht. Durch sie geraten wir aus dem Lot und damit aus der stärksten Kraft in uns. Nur aus der absoluten Ruhe heraus können wir uns gleich schnell nach allen Seiten bewegen. Sobald unsere Bewegung bereits eine Tendenz hat – und Unruhe hat immer eine Tendenz –, schränken wir alle anderen Bewegungsrichtungen sofort ein.

Die Situationen mögen heute anders sein, aber das Prinzip ist dasselbe: Wer bei Schwierigkeiten ruhig bleiben kann, hat immer die besseren Optionen. Und wer grundsätzlich über den Dingen steht, ist immer weniger manipulierbar.

Gelassenheit ist also nicht einfach nur ein schönes Wort und ein angenehmer Zustand, sondern tatsächlich sehr hilfreich. Sie hat ganz und gar praktische Aspekte. Gelassenheit und Ruhe eröffnen uns einfach die besseren Möglichkeiten.

Wenn Ihre Zazen-Praxis eine gewisse Stabilität erreicht hat, wird irgendwann der Zeitpunkt kommen, an dem in dieser Hinsicht etwas Erstaunliches geschieht. Ein Problem taucht auf und ... Sie denken weder darüber nach, noch kommen Sie ins Grübeln und reagieren auch nicht in gewohnter Weise: vielleicht genervt oder unwirsch. Sie verlagern Ihre Aufmerksamkeit einfach nur in Ihre Mitte (also den Ort, der als Hara bezeichnet wird).

Das ist der Moment, in dem sich Ihr Vertrauen in die Praxis offenbart.

Sie haben sich über Monate oder Jahre immer wieder regelmäßig auf Ihr Meditationskissen gesetzt, haben sich auf Ihre Körpermitte ausgerichtet und tief und langsam in den Unterbauch geatmet. Sie haben sich in Achtsamkeit geübt und sich auch von all den auftauchenden Gedanken und Gefühlen nicht beirren lassen – und das beginnt sich nun auszuzahlen. Statt in gewohnter Weise auf Schwierigkeiten zu reagieren, vertrauen Sie auf das, was Sie geübt haben: auf Ihr Inneres. Es ist diese sorgsam aufgebaute Erfahrung, die uns immer mehr vertrauen lässt. Wir gehen in unser Inneres und vertrauen darauf, dass die richtige Antwort zum richtigen Zeitpunkt kommen wird – aus einer Quelle, für die es keine Worte und auch keine Vorstellungen gibt, die sich aber durch das Vereinen von Körper, Atem und Geist finden lässt.

In diesem Vertrauen liegt der ganze Unterschied. Es geht nicht mehr um unser kleinliches Ich mit seiner eingeschränkten Wahrnehmung und seinen vorgefassten Meinungen, es geht um etwas, das durch nichts limitiert ist. Und genau darauf haben wir Zugriff, wenn wir völlig im Gleichgewicht sind. Shunryu Suzuki sagt das so: „Was wir unter Meditation verstehen ist, wenn die Einschränkungen, die ihr habt, euch nicht mehr einschränken."

Das ist wunderbar gesagt. Wir alle haben unsere Einschränkungen, aber es gibt einen Zustand, indem sie uns nicht mehr einschränken. Das mag sich nach Zauberei anhören, ist aber vor allem Übungssache.

Vertrauen und üben – das ist es, was uns weiterkommen lässt.

Körper, Atem und Geist auf einen Punkt bringen.

Still sein und hören.

Und ein wenig staunen.

Haltung bewahren

Nichts prägt unser Leben so sehr wie unsere innere und äußere Haltung, weshalb wir diesen Punkt noch ein wenig genauer betrachten sollten. Denn nur wenn unsere Haltung als Ganzes stimmt, kann sich so etwas wie Rückgrat entwickeln. Rückgrat ist immer das Ergebnis von Haltung. Und dafür müssen wir die richtige Mischung aus Weichheit und Härte entwickeln. Zu viel Härte lässt uns unflexibel werden, und zu viel Weichheit gibt uns nicht den Halt, den wir benötigen.

In der fernöstlichen Philosophie wird für die ideale Kombination aus beidem oft der Bambus als Beispiel aufgeführt. Bambus ist biegsam und gleichzeitig enorm widerstandsfähig. Dank seiner Flexibilität übersteht er die schwersten Stürme, und dank seiner Widerstandskraft lassen sich Häuser mit ihm bauen. Eine elastische Struktur, die sich anzupassen vermag, aber gleichzeitig sehr stabil ist.

Das ist ein gutes Beispiel für eine Haltung, die uns sehr hilft im Leben: Auch wir müssen uns den sich ununterbrochen verändernden Begebenheiten anpassen können und dabei gleichzeitig über eine innere Stärke verfügen, die uns in jedem Moment des Schwankens Halt und Orientierung gibt.

Wenn ein Mensch solch einen ausgewogenen Zustand von Anpassungsfähigkeit und Stabilität erreicht, sieht man es ihm meist an – denn die äußere Haltung ist ja nur ein Spiegelbild dessen, was sich innen abspielt. Eine schöne Haltung ist aufrecht, aber nicht überspannt, ruhig, aber nicht träge, sicher, aber nicht überheblich.

Wenn wir durch Zazen aufrecht und auch aufrichtig zu sitzen beginnen, korrigiert sich das, was nicht stimmt, mit der Zeit von alleine. Am Anfang unserer Praxis können wir unmöglich schon richtig sitzen. Wir meinen zwar, im Mittelpunkt zu sein, aber unser Körper ist dazu gar nicht in der Lage. Unsere Verspannungen und körperlichen Muster haben uns aus dem Lot gebracht und geradezu „verbogen". Durch Zazen können wir jedoch langsam wieder zu einem neuen körperlichen Gleichgewicht finden. Wir beginnen uns nach und nach besser auszurichten, und wir erkennen, welch ein Unterschied das zu den Zeiten ist, als wir nur meinten, im Gleichgewicht zu sein, es aber nicht waren.

Deshalb ist Meditation etwas sehr Körperliches. Das wird zwar selten verstanden, weil man meint, dass man in erster Linie den Geist trainiert, aber im Grunde ist es außerordentlich schwierig, den Geist zu disziplinieren, wenn man nicht beim Körper beginnt. Der Grund dafür liegt wieder beim Ki. Ki ist das vermittelnde Element (die Energie) zwischen Körper und Geist. Ohne den Körper in die Mitte zu bringen, können wir Ki nicht ausreichend entwickeln, und ohne ein großes Maß an Ki sind wir nicht in der Lage, den Geist zu verfeinern.

Deshalb beginnen wir beim Zazen mit dem Körper. Und entsprechend groß ist die Bedeutung der Haltung.

Durch Zazen werden Sie anders auf Ihrem Bürostuhl sitzen und auch anders an der Bushaltestelle stehen. Ihre Haltung wird sich sichtbar verändern. Und mit dieser neuen Haltung werden Sie die Dinge automatisch auch anders betrachten und in Angriff nehmen. Wer aufrecht dasitzt und sich im Lot befindet, ist einfach achtsamer. Sie werden mit der Zeit auch merken, ob Sie sich in Ihrem Zentrum befinden und wann Sie aus ihm herausfallen. Das zieht sofort spürbare physische Veränderungen nach sich. Man ist einfach in einem andern Zustand, wenn man sich in seiner Mitte befindet. Sie werden auch feststellen, wie sehr Konfrontationen Sie aus Ihrem Gleichgewicht bringen – aber das natürlich nur, wenn Sie sich davon beeindrucken lassen. Wenn es Ihnen in diesem Moment gelingt, ruhig und aufgerichtet zu bleiben, werden Ihre Reaktionen anders ausfallen. Wenn Sie aus Ihrer Mitte heraus reagieren können, werden sich die Dinge besser entwickeln, als wenn Sie im emotionalen Überschwang und im Eifer des Gefechts völlig außer Kontrolle geraten.

Die besten Reaktionen ergeben sich aus der Ruhe und aus der Klarheit unseres Geistes. Aber in gewissen Situationen ist es natürlich außerordentlich schwierig, solch einen Zustand aufrechtzuerhalten. Auch das werden wir feststellen.

Manchmal werden wir kritisiert – und das ist nie angenehm. Doch was jemand sagt, ist ganz allein seine Sache; was wir damit machen, ist aber unsere. Kritisiert zu werden ist ein weiteres, besonders schönes Übungsfeld. Je genauer ich verstehe, was Kritik ist und weshalb sie mich trifft, desto mehr kann ich meine Reaktion darauf beeinflussen. Das ist die Frage der Haltung, meiner Haltung gegenüber Kritik. Wenn ich der Meinung bin, dass man mich grundsätzlich nicht kritisieren darf, weil ich mich dann in meinem Selbstwertgefühl verletzt fühle, ist nicht die Kritik das Problem, sondern mein Selbstwertgefühl. Dann verfüge ich einfach nicht über die nötige souveräne Haltung. Wenn wir dann über eine gewisse Meditationspraxis verfügen, werden unsere Reaktionen zunehmend anders ausfallen – Worte können uns nicht mehr so tief verletzen, weil wir verstehen, wie sie zustande kommen und was sie eigentlich bedeuten.

Das lässt unsere Haltung entspannter und aufrichtiger werden.

Wir sehen dann, dass das, was jemand sagt, wirklich nicht unsere Sache ist. Da mögen viele Dinge hineinspielen, die gar nichts mit uns zu tun haben. Wir sollten uns also allein auf unsere Reaktionen und unser Verständnis konzentrieren.

Wenn wir auf Kritik mit Aggression reagieren, schaden wir uns vor allem selbst. Auf Kritik zu reagieren ist selbstverständlich nicht grundsätzlich falsch, es geht nur um die richtige Art und Weise. Wenn ich ruhig reagiere, sachlich, mit Argumenten, dann gibt es keinen Konflikt bei mir selbst. Ich bleibe gelassen und Herr der Lage. Ich behalte die Übersicht und lasse mich in nichts hineinziehen. Wenn der andere dann auf meine Argumentation aggressiv reagieren sollte, ist das wiederum sein Problem. Solch eine Haltung ist die beste für uns.

Wann immer sich Konflikte ergeben, versuchen wir einfach, unsere Haltung zu bewahren. Es ist jedoch nicht so, dass wir dabei Reaktionen unterdrücken sollen, das wäre dann ja nur verdrängte Aggression – und hilft uns nicht weiter. Es geht vielmehr darum, dass wir einfach versuchen, unsere ausgeglichene Haltung aufrechtzuerhalten – die bekanntlich in unserer Mitte liegt. Wir halten uns aufrecht und atmen bewusst.

Wenn immer möglich, halten wir uns aufrecht und bewusst. Das ist für alles die beste Ausgangslage.

Wenn Sie an Ihrem Arbeitsplatz sitzen, können Sie das jeden Tag für sich üben. Versuchen Sie, die Haltung des Zazen also möglichst auch im Alltag zu finden. Wenn es keinen Konflikt gibt, sitzen Sie aufrecht und atmen bewusst. Und wenn es einen Konflikt gibt, sitzen Sie aufrecht und atmen bewusst. Und wenn es nötig ist, dann reagieren Sie.

So können Sie die Haltung der Meditation zur Haltung des Alltags machen. Wenn Sie regelmäßig Zazen praktizieren, werden Sie darin eine Kraft finden, die Sie dann auch in alltäglichen Situationen für sich nutzen können. Die Kraft liegt in dieser Haltung, die Sie Tag für Tag auf Ihrem Kissen einüben.

Zazen bedeutet, eine aufrechte und aufrichtige Haltung zu entwickeln.

Und Zen als Ganzes meint entsprechend nichts anderes, als dass wir alles dieser richtigen Haltung überlassen.

Das ist im Grunde alles, was wir tun. Wir geben uns jeden Tag Zeit, uns in einer ausgewogenen, tiefen Haltung zu üben – und entdecken dann, wie sehr uns das in unserem ganzen Leben hilft. Solange man es nicht selbst praktiziert, kann man natürlich nicht glauben, dass so etwas Einfaches so viel bewirken kann – aber das macht ja nichts. Es ist nicht unser Problem, wenn jemand das nicht glaubt. Für mich selbst spielt es keine Rolle. Ich muss niemandem etwas beweisen. Ich praktiziere einfach mein Zen und schreibe über diese Erfahrung. Das ist alles.

Ich wünsche zwar jedem Menschen, dass er die Wirkung von Zazen entdeckt, und ich möchte tun, was ich kann, damit andere diese Erfahrung machen können, aber missionarischer Eifer ist dafür nicht nötig.

Im Grunde bin ich einfach nur glücklich, dass ich das alles für mich entdeckt habe. Und aus dieser Dankbarkeit entsteht ein gewisses Mitteilungsbedürfnis. Aber dabei geht es eigentlich mehr um das Teilen. Um das Teilen einer Erfahrung. Indem man schreibt und erzählt, teilt man etwas. Und das Schöne am Schreiben ist, dass man mit Menschen etwas teilen kann, die man gar nicht kennt. Irgendwo sitzen Sie und lesen dieses Buch, und vielleicht empfinden Sie durch all die Worte, dass wir etwas miteinander teilen. Oder Sie empfinden nicht so, und dann wissen Sie, dass ich wenigstens die Haltung mit Ihnen teile, dass auch das kein Problem ist.

So oder so teilen wir also etwas miteinander: entweder Zen oder die Einsicht, dass es völlig okay ist, wenn wir Zen nicht miteinander teilen. (Und ich finde, das ist eine ausgesprochen schöne Basis, um wieder auf das Thema der aufrichtigen Haltung zurückzukommen.)

Indem wir also richtig und ausbalanciert sitzen, geraten wir immer mehr ins physische Gleichgewicht, und das unterstützt uns auch darin, unser psychisches Gleichgewicht zu finden. Dabei ist uns meist gar nicht klar, wie sehr diese Dinge zusammenhängen. Wenn wir jedoch lernen, unser Leben aus der richtigen Haltung heraus anzugehen, wird uns das klarer werden.

Wenn wir geduldig üben, werden wir entdecken, dass es einen Punkt in uns gibt, von dem unsere ganze Haltung ausgeht (die körperliche wie auch die geistige). Im Zen wird dieser Punkt

„Tanden" genannt. Wenn das Hara das Zentrum des Körpers ist, dann ist der Tanden wiederum der Mittelpunkt des Hara: also der Mittelpunkt des Zentrums von allem. Oder: das Auge des Hurrikans, in dem es absolut ruhig ist.

Shodo Harada, der japanische Zen-Meister, der ein empfehlenswertes Buch mit dem Titel „Der Weg zu Bodhidharma" geschrieben hat, sagt darüber etwas sehr Hilfreiches: „Wir können spüren, dass das Zentrum, der Tanden, sehr stark und fest wird. Es ist sehr wichtig, dass wir diese Fülle im Unterbauch spüren. Dort findet sich eines der Zentren des vegetativen Nervensystems, welches sich um die Verteilung der Hormone im Körper kümmert. Die Verteilung der Hormone wiederum bestimmt, wie wir in unserem Körper im Gleichgewicht sind ... Wenn wir dieses Zentriertsein im Unterbauch erfahren haben, erleben wir ein tiefes Gefühl des Daheimseins, das Gefühl, dass wir genau dort sind, wo wir hingehören ..."

Zazen ist also nichts Spekulatives, sondern eine geradezu wissenschaftliche Herangehensweise, denn wir beobachten unser Inneres einfach unter dem Mikroskop unserer Wahrnehmung. Das wird seit mindestens 2500 Jahren so praktiziert, denn der Buddhismus entstand vor dieser langen Zeit in Indien, und Zen entwickelte sich vor 1500 Jahren in China aus ihm heraus. Es ist unwahrscheinlich, dass sich Millionen von Menschen über eine so lange Zeit in einer Praxis üben, ohne einen Gewinn davon zu haben. Zen ist eine sehr konkrete Sache, denn wir glauben ja nicht einfach etwas, sondern wir können es durch unsere eigene Praxis selbst überprüfen.

Verändert sich mein Leben, wenn sich meine Haltung verändert? Ja oder nein?

Werde ich entspannter und zufriedener, wenn ich meditiere? Gewinnt auch mein Umfeld etwas dadurch?

Lohnt sich dieser tägliche Aufwand des Sitzens also?

Wir überprüfen die Antworten selbst und überlassen sie nicht einem Guru oder einem Vertreter irgendeiner Instanz, welche die Wahrheit zu besitzen glaubt. Wir sind die einzige Instanz, die uns zu einer wirklich glaubwürdigen Meinung verhelfen kann: indem wir es selbst verwirklichen und die direkte Erfahrung selbst machen.

Wir glauben nicht, wir überprüfen. Stimmt es, dass die Haltung einen derartig entscheidenden Einfluss hat? Kann man diesen Mittelpunkt von allem finden, der als Tanden bezeichnet wird? Gibt es so etwas wie Ki tatsächlich? Und kann man diese Energie wirklich wahrnehmen?

Atmen Sie tief in den Bauch, der durch eine aufrechte Haltung frei und offen ist. Und erwarten Sie nichts.

Dann werden die Antworten eines Tages einfach kommen.

Innere Ruhe überwindet alles:
Die Stille inmitten der Hektik

Der Begriff „Stille" fällt oft im Zusammenhang mit Meditation und spiritueller Praxis, aber welche Form der Stille ist hier eigentlich gemeint? Lässt sich für sie eine einigermaßen verständliche Erklärung finden?

Die Stille ist einfach das, was da ist, wenn wir uns von nichts mehr ablenken lassen, wovon wir normalerweise in Beschlag genommen werden. Wenn Gedanken und Emotionen so weit abgeklungen sind, dass unser Geist sich nicht mehr darauf konzentriert und sich deshalb ganz entfalten kann. Dann taucht noch eine ganz andere Dimension des Wahrnehmens und Erkennens auf – ein Wahrnehmen, das von einer alles durchdringenden Ruhe und einer kaum vorstellbaren Präsenz getragen wird. Etwas, das außerhalb der üblichen Konventionen von Raum und Zeit zu existieren scheint. Das ist im Grunde alles. Eine Form grenzenloser und ablenkungsfreier Achtsamkeit. Und diese hat rein gar nichts mit dem zu tun, was wir normalerweise für unser „Ich" halten. Die Stille ist da, wenn unser Ich nicht mehr unentwegt dazwischenfunkt und sich selbstherrlich vordrängt. Es handelt sich dabei also um einen völlig anderen Zustand, als wir ihn gewohnt sind – und doch sind wir das, was da ohne die Grenzen unseres Ichs erfahren wird, unserem tiefsten Wesen nach ganz selbstverständlich.

Diese Ruhe und Stille ist nicht abhängig von einem Ort. Sie kann in jedem Moment wahrgenommen werden, egal, wo wir uns auch gerade befinden mögen. Sie liegt sogar inmitten größter Hektik und absoluten Lärms. Sie hat nur mit unserem Innern zu tun, und nicht mit dem, was um uns herum geschieht.

Diese Stille kommt wie aus einer großen Tiefe, wohin all das Oberflächliche mit seinem Lärm und seinen Erscheinungen nicht gelangen kann. Und diese Ruhe inmitten der Unruhe zu erfahren, ist zweifellos etwas vom Bedeutendsten in unserem Leben. Denn hier geht es um eine ganz andere Form von Qualität, als wir sie gewohnt sind. Es lässt sich mit nichts vergleichen, was wir bisher kannten.

Je ruhiger wir werden, desto mehr kehrt unser Bewusstsein zu seinem ursprünglichen, reinen Zustand zurück.

In diesem Zusammenhang gibt es eine kluge Frage eines Schülers an den indischen Weisen Nisargadatta Maharaj. Er wollte wissen: „Wenn mein wahres Wesen immer bei mir ist, wieso bin ich mir dann dessen nicht bewusst?" Und Nisargadatta Maharaj antwortete: „Weil es sehr subtil ist und Ihr Verstand sehr grob, voller aufdringlicher Gedanken und Gefühle ... Sie brauchen nur einen stillen Verstand. Alles andere wird von allein geschehen, wenn Ihr Verstand erst einmal ruhig ist."

Da ist eine schöne Antwort, denn mit dem „wahren Wesen" meinte dieser Schüler genau das, was wir vorher beschrieben haben: unser Bewusstsein in seinem ursprünglichen, reinen Zustand. Und wir können es einfach deshalb nicht wahrnehmen, weil wir uns von all den Gedanken und Gefühlen ablenken lassen. Ein Leben lang. Es ist da, und wir wissen nichts davon.

Eigentlich sehr bedauerlich, wenn man bedenkt, wie sehr wir davon profitieren könnten.

Wenn wir aber zu unserer inneren Ruhe finden, ist „es" plötzlich da. Und wenn wir das über eine sehr lange Zeit üben, dann können wir diese Ruhe überall und in jedem Moment wahrnehmen. Rundherum mögen Bewegung, Geräusche und Worte sein, das ist zweifellos alles vorhanden, aber im tiefsten Zentrum von allem ist Stille.

Dieser ruhige Kern ist in uns selbst – im Zen wird er manchmal auch als „Der stille Punkt" bezeichnet. Dieser Mittelpunkt in uns liegt inmitten von allem und kennt deshalb keine Dualität – keine Hin- und Hergerissenheit, keine Verlockungen und keine Unruhe. Er ist ein Punkt in der absoluten Mitte aller Begebenheiten und wird von vollkommener Ruhe und Bewegungslosigkeit gekennzeichnet, da von ihm zwar alle Bewegung ausgeht, er selbst aber unbewegt innerhalb aller Aktivitäten liegt. Genau genommen handelt es sich dabei sogar um einen Punkt „außerhalb der Zeit", denn absolute Stille ist frei von Zeit, da Zeit lediglich eine Erscheinung von Bewegung im Raum ist, und so war dieser Punkt schon immer da – und wir finden jetzt einfach zu ihm zurück.

Für unser Alltagsleben ist das äußerst hilfreich: Die Hektik ist dann zwar noch wahrnehmbar, aber auch dieser ruhende Pol. Alles bewegt sich, alles wirbelt herum – Veränderungen, Wünsche, Absichten, Gedanken, Hoffnungen, Gefühle, Handlungen, alles in ständiger Bewegung, aber dieses ruhige Zentrum ist davon unbeeinflusst. Dieses Zentrum scheint wichtiger und kraftvoller zu sein als all die Kleinigkeiten im Äußeren.

Das ist es, was uns Unabhängigkeit verleiht. Wenn die Umstände nicht mehr das absolut Wesentliche für uns sind, sondern lediglich ein Teil eines größeren Ganzen. Wenn unser Selbstgefühl nicht mehr von dem abhängig ist, was wir im Äußeren erleben, sondern wenn es von etwas viel Grundlegenderem getragen wird.

Wenn wir uns wirklich auf Ruhe und Stille einlassen, dann können wir Dinge über uns selbst erfahren, von denen wir heute noch nicht die geringste Vorstellung haben. Diese Dimension von Ruhe ist einfach nicht mit dem Denken zu erfassen. Das Denken ist in seiner Struktur zu linear und zu grob, um etwas wesentlich Subtileres und weniger Limitiertes verstehen zu können. Es ist so, als wollte man den Versuch unternehmen, mit einer banalen Leselupe das Innenleben der Atome zu erforschen. Das Instrument, zu dem wir greifen, ist dafür einfach nicht geeignet. Genauso müssen wir auch im Hinblick auf unseren Geist ein anderes Instrument bemühen. Mit Denken werden wir ihm nicht beikommen – es geht nur mit subtiler Achtsamkeit. Und mit der durchdringenden Form von Bewusstheit, die durch sie entsteht.

Das mag sich jetzt vielleicht ein wenig abgehoben anhören, aber im Grunde ist es ungemein praktikabel, denn es ist genau diese Ruhe, die uns im Alltag und in schwierigen Situationen weiterhelfen kann. Diese ruhige Präsenz führt zu mehr Entspannung und Gelassenheit. Dadurch agieren wir weniger hektisch und lassen nicht so leicht zu, dass uns irgendeine Nebensächlichkeit aus der Bahn wirft. Wir behalten unsere Konzentration und Übersicht. Alles gerät weniger schnell in Unordnung. Alles scheint ganz von selbst zu gehen.

Erst so wird Achtsamkeit wirklich möglich. Erst wenn eine gewisse Ruhe herrscht, können wir tatsächlich wahrnehmen, was da ist. Vorher war Achtsamkeit nur ein Wort, jetzt wird sie zu einer neuen Qualität in unserer Wahrnehmung. Und so beginnt sich die trügerische Oberfläche, von der wir bisher annahmen, dass sie das Wahre sei, langsam aufzulösen.

Und dann, wenn unser Verstand zur Ruhe kommt und alles klarer wird, kann sich auch unsere Intuition entfalten. Sie scheint eine gewisse Ruhe zu benötigen, um sich zeigen zu können – respektive um überhaupt wahrgenommen zu werden. Intuition ist eine Folge von Entspannung und Ruhe. Von Unangestrengtheit. Und von Nicht-Wollen. Geistesblitze tauchen immer unerwartet auf – der Begriff sagt es schon. Intuition geschieht, wenn wir es zulassen. Wenn wir nichts tun, was dafür einschränkend wäre. Einsteins Relativitätstheorie soll ihm wie aus dem Nichts erschienen sein – als er eben wirklich nichts tat. Die besten Ideen kommen, wenn man sie nicht erwartet. Und auch die größte Freude in unserem Leben taucht meist überraschend auf.

Ich glaube, dass Ruhe und Bescheidenheit sehr entspannend und gut für unser Leben sind. Und ich glaube zudem, dass das, was gut für unser Leben ist, auch unseren Arbeitsalltag positiv beeinflusst. Wenn wir unsere Arbeit und unsere Aufgaben mit einer inneren Entspanntheit angehen können, wenn wir durch sie nicht mehr in erster Linie etwas beweisen müssen, sondern einfach mehr Freude an der zuverlässigen und guten Ausführung haben können, dann wird das nicht ohne Folgen bleiben. Auch wenn es immer wieder Momente geben wird, in denen wir uns von der Hektik anstecken lassen und dadurch erregter reagieren, als eigentlich nötig ist, und uns damit selbst mehr im Wege stehen als nützen. Mit der Zeit werden wir auch jeden dieser schwierigen Momente nutzen können, um unsere Achtsamkeit Mal für Mal zu schulen: Wir nehmen wahr, was geschieht, und verstehen, was da eigentlich abläuft. Und mit jedem Moment der Achtsamkeit wird die Tendenz abnehmen, das nächste Mal wieder auf solche Weise zu reagieren.

Damit haben wir das Instrument an der Hand, um wirklich Einfluss auf unser Leben nehmen zu können. Es wird nicht von heute auf morgen alles klappen, wie wir das möchten, und es wird auch nicht immer einfach sein, das alles in die Tat umzusetzen; aber wenn wir merken, wie sich alles langsam zu unseren Gunsten verändert, wie da in uns selbst etwas am Entstehen ist, das wir nie für möglich gehalten hätten, dann wird uns klar, dass es jeden Moment des Übens wert ist.

Diese Veränderungen geschehen still und leise. Aber nicht unbemerkt. Vielleicht müssen wir gar nicht so viel tun im Leben, vielleicht genügt es ja, wenn wir es einfach ein bisschen anders und besser tun. Vielleicht liegt darin ja die wahre Möglichkeit unseres Daseins.

Welche Qualitäten können wir durch uns ausdrücken?

Sind es Hektik und Umtriebigkeit? Oder Ruhe und Entspannung? Fördern wir Maßlosigkeit? Oder Bewusstheit? Unterstützen wir Gier? Oder Wertschätzung?

Was ist letztlich wirklich von Bedeutung? Welche Qualitäten können wir uns am Ende zugute halten?

Dafür arbeiten wir. Im Beruf wie auf dem Sitzkissen. Alles, was wir tun, trägt dazu bei. Und je mehr wir den ruhigen Kern in uns entdecken, desto leichter fällt uns all das Positive.

Meditation kann etwas in uns berühren, von dem wir bis dahin keine Ahnung hatten.

In der Stille wird unser Ego transparenter – und damit werden wir offener für das Essenzielle. Das hat meist zur Folge, dass wir unser Leben vereinfachen und verlangsamen und dass wir uns von überflüssigen Dingen und Gewohnheiten lösen können.

Wir sehen durch alles hindurch, was bisher wichtig war, und wir sehen etwas, das noch viel wichtiger ist.

Die Stille ist dafür einfach nur ein Wort. Lassen Sie sich von ihm nicht verwirren. Die Erfahrung ist etwas ganz anderes als der Begriff. Was geschieht, wenn unser Verstand still ist, dafür gibt es keine Umschreibung. Denn Worte sind ja nur eine Form von Lärm, lauter oder leiser – wie also sollen sie die Stille beschreiben können?

In diesem Moment stehe ich am offenen Fenster. Es regnet – und die Tropfen fallen auf die Blätter der nahe stehenden Bäume, so dass aus der Summe von herunterprasselnden Tropfen und sie auffangenden Blättern ein einziges großes, sanftes Rauschen wird. Während die Tropfen fallen, sind sie nicht zu hören; wenn sie auf die Blätter prallen, nehme ich sie als etwas Hörbares wahr, und kurz darauf ist jedes Geräusch wieder verschwunden. Jeder Ton kommt aus der Stille und kehrt irgendwann wieder in sie zurück. So versuche ich während des Rauschens aus Tropfen und Blättern gleichzeitig auch bei der Stille zu bleiben, die hinter allem liegt.

Wenn wir beides gleichzeitig wahrnehmen können, dann führt das zu einer neuen Tiefe. Ja, da ist die Bühne, auf der sich alles abspielt, was wir Leben nennen und dessen Teil wir sind. Aber da ist auch noch etwas, auf dem diese Bühne selber steht. Das Leben ist die Bühne – aber worauf steht sie und wodurch wird sie getragen?

Werden Sie still und hören Sie die Antwort ...

Zen und Kreativität

Ist Kreativität etwas, das nur einigen besonderen Berufen und den Künstlern vorbehalten ist? Im Zen meint man: eindeutig nein. Wir erachten Kreativität eher als einen Grundausdruck des Lebens an sich – diese schöpferische Komponente, die alles durchzieht, was entsteht und vergeht. Kreativität ist das, was sich ergibt, wenn alles im freien Fluss ist und sich alles auf natürliche Weise entwickelt. Die Welt ist randvoll mit kreativer Energie; sie ist es, die alles antreibt. Die ganze Welt entsteht, wächst, gedeiht, entwickelt sich, verändert sich, nimmt neue Formen an und lässt Dinge vergehen. In jedem Moment ist ein unfassbar schöpferischer Akt im Gange – und wir sind selbst ein Teil davon.

Im Zen geht es um eine Kreativität, die sich aus der Ruhe und Intuition heraus entwickelt. Es gibt natürlich auch eine laute Kreativität, so wie alles laut wird, wenn es nicht in erster Linie um die Sache selbst geht, sondern um das Erreichen von Aufmerksamkeit. Aber davon sprechen wir hier nicht. Hier geht es nicht um eine Kreativität, die von einem Zweck zurechtgebogen wird, sondern um das, was sie zu einem Ausdruck unseres Inneren macht.

Denn wir verhalten uns schöpferisch im eigentlichen Sinne, wenn wir uns selbst ohne allzu viel Rücksicht auf Konventionen freien Lauf lassen – wenn wir also aus unserem Inneren mit all seinen Qualitäten schöpfen, ohne diese Qualitäten durch eine Anpassung an vorherrschende Meinungen zu verbiegen. Wenn wir eine Ausdrucksform finden, die uns entspricht und durch die sich unser Inneres in einer äußeren Form zeigen kann. Ganz so, wie es der Architekt Peter Zumthor ausdrückt: „Die Kraft eines guten Entwurfes liegt in uns selbst und in unserer Fähigkeit, die Welt mit Gefühl und Verstand wahrzunehmen." Unsere Wahrnehmung ist also der Ausgangspunkt unserer Kreativität. Das scheint mir sehr treffend zu sein. Denn Kreativität entsteht ja nicht im luftleeren Raum, sondern nimmt alles auf, was da ist, und entwickelt daraus etwas Eigenes – so wird das Wahrnehmen zum Schüssel für das, was wir überhaupt aufnehmen können. „Die Welt mit Gefühl und Verstand wahrnehmen", das ist die Grundvoraussetzung für unsere Ideen, erklärt uns Zumthor. Am Anfang steht auch bei ihm das Wahrnehmen, also das, was wir für wahr nehmen, und vielleicht ist es gerade sein in dieser Hinsicht subtileres und geradezu poetisches Empfinden, das ihn derart unvergleichliche Bauwerke schaffen lässt. So sagt er weiter: „Um Schönheit zu erreichen, muss ich ganz bei mir sein, meine eigene Sache tun und keine andere, denn die besondere Substanz, die Schönheit erkennt und mit Glück zu erschaffen mag, liegt in mir selbst." (Aus: „Architektur denken")

Wir müssen diese innere Quelle der Spontaneität finden. Aber diese Spontaneität ist kein lustiges Drauflosspinnen, sondern etwas, das sich nach einer langen Zeit der Beschäftigung mit einem Thema plötzlich Ausdruck verschafft. Wirkliche Spontaneität basiert auf Ernsthaftigkeit, denke ich. Sie ist nichts Zufälliges. Sie ist das, was dem entspringt, was man im Zen „einen vorbereiteten Geist" nennt. Das ist es auch, was sie von der reinen Originalität unterscheidet. Etwas ist originell, wenn es neuartig ist, aber deswegen muss es noch lange nicht kreativ sein. Kreativität verfügt über eine inhaltliche Tiefe, die der Originalität in der Regel fehlt. Originalität bedeutet noch lange nicht Qualität. Wenn man aber von Kreativität spricht, geht es immer auch um Qualität.

So gesehen können wir in jedem Beruf kreativ sein, wenn unser Inneres dazu bereit ist. Wir können überall unsere Ideen einbringen, die von unserem eigenen „Sinn und Geist" getragen werden. Es muss nicht ein Bauwerk daraus werden oder ein Kunstwerk, ein vernünftigeres Ablagesystem ist manchmal nicht weniger wertvoll. Vor allem beginnt Kreativität direkt in unserem eigenen Leben. Wo kann ich für mich selbst einfallsreicher werden, um mein Leben zu verbessern? Welche Ideen habe ich da? Wie kann ich den alten Trott durchbrechen und neue Talente zulassen? Hier beginnt die wahre Kreativität – da, wo mein eigenes Leben sich weiterentwickeln kann.

Die höchste Form der Kunst ist die Lebenskunst, da bin ich mir sicher. Jemand, der mit seinem Leben schöpferisch umgehen kann, ist jedem gemalten Bild und jedem geschriebenen Buch überlegen.

Die Kunst des eigenen Lebens. Darum geht es vielleicht. Und daraus entwickeln sich dann auch unser Beruf, unsere Berufung, unsere Kreativität und unsere Zufriedenheit. Dieses Eigene ist das eigentlich Schöpferische. Und hier findet sich die Schnittstelle zum Zen. Denn wahre Kreativität kommt nicht aus dem Denken, sondern entsteht gerade dann, wenn unsere gewöhnlichen und gewohnten Denk- und Vorstellungsmuster durchbrochen sind. Dann öffnet sich in unserem Denken und Sein der Raum für Neues.

Weil Kreativität und ihr schöpferisches Prinzip im Zen etwas Grundlegendes sind, möchte ich hier noch einen weiteren kleinen Zen-Grundsatz anführen: *Sich auf das Erkennen von Chancen auszurichten ist hilfreicher, als sich nur auf das Lösen von Problemen zu konzentrieren.*

Solange wir eng fokussiert beim Problem bleiben, sind wir im Prinzip innerhalb seines Dunstkreises gefangen. Wenn wir hingegen unseren Blick weiten und über das Problem hinausgehen, uns also ganz grundsätzlich auf das Wahrnehmen von Chancen ausrichten, die sich ja tatsächlich in jedem Augenblick neu ergeben können, dann stellt sich ein ganz anderes Gefühl ein. Unser Geist ist dann auf etwas anderes ausgerichtet. Auf etwas, das offener und weiter ist als das Problem selbst. Und damit tauchen immer neue Möglichkeiten in unserem Bezugsfeld auf.

Der erste Schritt zur Kreativität ist unser innerer Entschluss. Denn ein wirklicher Entschluss erzeugt immer auch die nötige Kraft, um etwas zu tun. Wenn wir wirklich entschlossen sind, entsteht unweigerlich eine bestimmte Energie, die diese Entschlossenheit voranträgt. Ein Entschluss ist bereits eine Veränderung. Wenn ich die Veränderung nicht spüre, habe ich mich nicht wirklich entschlossen. Dann ist es vielleicht ein Wunsch, eine Träumerei, ein „Ach-wie-schön-wäre-es-doch" – ein Entschluss aber wirkt anders: er ist eine innere Tatsache! Meine Entscheidung mag im Äußeren noch nicht zu Ergebnissen geführt haben, aber mein ganzes Verhalten richtet sich bereits an ihr aus. Ich bin bereit, mich in die passende Richtung zu bewegen. Ich akzeptiere die nötigen Konsequenzen. Ich weise all meine Ausreden zurück. Ich handle entsprechend.

Dieses Handeln ist das, was Kreativität entstehen lässt. Wenn ich ein Buch schreiben will und diesen Entschluss wirklich gefasst habe, dann gehe ich von diesem Moment an anders durch die Welt. Ich sammle Eindrücke und Material für dieses Buch. Meine Gedanken gehören ihm. Ich bin innerlich am Schreiben. Ich plane und verwerfe. Ich habe noch keinen einzigen Buchstaben geschrieben, aber diese Ausrichtung verändert mein Leben. Ich hege und pflege meine Absicht. Ich fördere sie, wo ich nur kann.

Und irgendwann wird es dann entstehen. Wir müssen unsere gefällte Entscheidung füttern. Mit Interesse, Neugier und Hingabe. Manchmal können wir die Kreativität nicht direkt heraufbeschwören, aber wir können sie immer fördern. Einfälle basieren nie auf nichts, sie kommen immer aus Bestehendem, das neu angeordnet und ergänzt wird. Jedes Buch basiert auf bestehenden Gedanken, wie jedes Gemälde auch nur zu dem werden kann, was es ist, weil es vorher all die anderen Bilder gab. Alle Bücher, die ich gelesen habe, stecken auch in meinen eigenen Büchern – neben manch anderen Einflüssen. Und das Schöne an der Kreativität ist, dass man nie weiß, wodurch der Einfall letztendlich ausgelöst wird. Eine Fotografie kann uns zum Schreiben eines Satzes animieren, ein Gedanke zu einem neuen Beruf, ein Musikstück zu einem Gemälde, ein Kleidungsstück zu einer neuen Wandfarbe, die Linie eines Gebäudes zu einem minimalistischeren Mode-Stil, ein Windhauch zu einem poetischen Film … Wir wissen nie, durch welchen Impuls eine Idee wirklich entstehen wird. Alles ist möglich. Sonst ginge es ja nicht um Kreativität. Man lässt alles offen. Man gibt sich die Chance, von allem inspiriert zu werden. Indem man mit offenen Augen und Ohren durch die Welt geht und alles aufnimmt. Indem man seine Wahrnehmung verfeinert und dadurch immer mehr entdecken kann.

Der künstlerische Impuls kommt aus dem Leben selbst. Aus der Neugier und der Achtsamkeit. Aus dem Überwinden von Grenzen und dem Erkennen neuer Zusammenhänge.

Sind wir bereit, auf das Leben zu hören und seinen Impulsen zu folgen? Sehen wir die allen Dingen zugrunde liegende Kreativität und können wir aus ihr schöpfen? Denn es geht weniger um ein Erfinden an sich, wie oft gemeint wird, es ist eher das Finden dessen, was bereits in der Luft liegt. Wenn wir uns ein wenig zurücknehmen, können wir das vielleicht als Andeutung sehen. Was fügt sich aus all dem zusammen, was da ist, damit es zu etwas Neuem wird?

Wenn uns nicht zu viele Gedanken im Weg stehen, ist immer Eingebung da. In jeden Augenblick kann sie sich zeigen. Nicht immer ist alles brauchbar, was erscheint, aber immer können sich neue Impulse ergeben. Wenn wir aufmerksam sind, ist vieles möglich.

Der alte chinesische Weise Dschuang Tse bezeichnete diese Art von Geisteszustand als „freies und unbeschwertes Umherschweifen". Wenn wir unseren Geist „frei und unbeschwert umherschweifen" lassen und unseren Gedanken nicht erlauben, ihn ununterbrochen in Beschlag zu nehmen, dann wird er ganz von selbst neue Dinge entdecken.

Das Schwierigste für uns alle ist, unseren authentischen Ausdruck zu finden. Das ist in unserer Welt des Gefallen-Wollens und -Sollens und -Müssens so schwierig geworden, dass alles immer gleichförmiger wird. Denn der eigene Ausdruck birgt ein Risiko: wir können damit scheitern. Wenn wir hingegen einfach mitmachen, ist das Risiko geringer, aber gleichzeitig vergeben wir das, was uns auf ganz natürliche Weise unvergleichlich macht: uns selbst mit all unseren Facetten. Unsere Haltung, unsere Sichtweise, unsere Worte, unsere Art zu sein, unser Klang, unsere Art, uns zu bewegen, unsere Eigenheiten, die nur uns genau so gegeben wurden. Je mehr wir davon preisgeben zu Gunsten von Konformität, desto mehr verleugnen wir uns selbst.

Das Universum war enorm schöpferisch, als es uns geschaffen hat. Wir sollten diese Anlagen nicht leichtfertig vertun, indem wir gleicher werden wollen, als wir es sind. Wir sind verschieden, um voneinander profitieren zu können. Wir haben unsere eigenen Denkweisen und Vorlieben, weil dies möglich ist. Das Universum drückt seine ganze Kreativität durch jeden von uns aus und fügt kostenlos noch alles hinzu, was um uns herum ist.

Kreativität ist unser Grundausdruck. Und je mehr wir zu unserem eigenen Kern finden, desto mehr dieser Kreativität taucht auf – in unzähligen Facetten und Formen. Vom absolut Unbedeutendem bis zum genialen Wurf. Das Potenzial liegt in dem, was wir wirklich sind, und je mehr wir das zulassen können, desto mehr kommt alles in Fluss.

Wenn das Ego schweigt, kann die Muse sprechen. Dann kann aus einem Marmorblock ein David werden und aus ein paar Tönen eine Symphonie. Oder eben aus einem Haufen Papier eine nach einem übersichtlichen und nützlichen System geordnete Ablage.

Wir können lernen, auf eine Stimme zu hören, die wir bis jetzt überhört haben. Sie kann sich auch als Gefühl, als Gewissheit, als Bild oder als klare Entscheidung ausdrücken. Sie kommt aus unserem Inneren und kann uns viel unnötige Arbeit ersparen, weil sie meist besser weiß, was zu tun ist. Diese Stimme bringt etwas in uns zum Klingen. Es ergibt sich so etwas wie eine Resonanz mit einer tieferen Wissensebene in uns.

Das Universum und die Welt entstanden aus dem Nichts. Ein Big Bang – und dann war diese unfassbare Kreativität da, die all das möglich machte, was danach kam. Nun gut, es dauerte natürlich seine Zeit, aber eine geheimnisvolle Kraft ließ aus diesem Nichts und mit Hilfe von ein paar Milliarden Jahren Supermärkte entstehen, in denen wir heute unter 25 verschiedenen Waschmitteln wählen können.

Wie ist das möglich? Und wie könnten wir diese Kreativität vielleicht noch besser nutzen, als um uns 25 verschiedene Waschmittel auszudenken?

„Aus deinem Innern kommt alle Hilfe, die du brauchst", lese ich bei Agnes Martin („Writings"). Wenn wir diesem Inneren vertrauen, wird es uns zu unseren Gelegenheiten führen. Wirkliche schöpferische Kraft entspringt diesem Vertrauen – und der Hartnäckigkeit, uns auch durch Misserfolge nicht von unserem Kurs abbringen zu lassen. Denn wir können mit unseren Ideen scheitern, um noch bessere Ideen haben zu müssen, mit denen wir vielleicht wiederum scheitern werden, um danach zu verstehen, was es wirklich braucht. Es ist kein linearer Weg, er besteht aus Sprüngen und immer auch aus Phasen der Stagnation.

Das kreative Prinzip des Lebens, das sind wir selbst. Wir können uns entwickeln und alles ausprobieren, wir können Dinge wagen und spielerisch mit allen Bestandteilen umgehen, die sich uns bieten, wir können sie neu arrangieren und zusammensetzen. Wir können aber auch einfach still dasitzen, atmen und darüber staunen, wie aus diesem Nichtstun dann vielleicht etwas auftaucht, auf das wir auch durch noch so viel Geschäftigkeit und Nachdenken niemals gekommen wären.

Diese Kreativität des klassischen Zen beginnt nicht zufällig im ganz Kleinen: Man übt sich im Teetrinken und Blumenarrangieren, es geht ums Schreiben und Malen und schöne Gärten. Es geht nicht um weltbewegende Erfindungen, sondern um die Kunst einer Teetasse, die durch eine ganz besondere Harmonie und eine absolut perfekte Unperfektheit besticht. Es geht darum, durch solch kleine Dinge einen unsichtbaren Raum zu schaffen, indem sich dann etwas Außergewöhnliches zeigen kann. All diese Dinge sind nur Mittel zum Zweck für dieses Eine: diese große, universelle Harmonie zu zeigen, durch die sich alles ausdrückt.

Sobald wir mit dieser in Übereinstimmung sind, ist auch Kreativität da. Manchmal drückt sie sich in einer unglaublich schönen und revolutionären physikalischen Formel aus, manchmal dadurch, wie wir Messer und Gabel neben den Teller legen. Solange sich durch unser Tun mehr Harmonie entwickelt, in welchem Bereich auch immer, liegen wir richtig.

Die Energie, die den Pinsel führt, die Worte schreibt, den Ton erklingen lässt ... fließt ganz von alleine. Wir sitzen dann nur noch da und staunen, was durch uns geschieht.

III

Mehr als nur das –
ein Weg
fürs ganze Leben

Wie gut Ihr Zen ist, können Sie an Ihren Entscheidungen erkennen

Wer sagt uns im Zen eigentlich, wie weit wir schon gekommen sind? Ein Lehrer, ein Meister, ein Guru? Nein, es kann nur das Leben selbst sein, das uns eine wirklich verlässliche Antwort gibt. Das Leben, wie es ist und wie wir es empfinden, zeigt uns die Qualität unserer Praxis. Wenn wir eine subtilere Aufmerksamkeit entwickeln und aus dieser damit verbundenen Energie der Ruhe heraus handeln, wenn unser Bewusstsein sich nicht mehr in erster Linie von unseren hektischen Gedanken in Beschlag nehmen lässt, wird unser Handeln sich verändern. Wir werden nicht mehr blind in all die Tendenzen hineingezogen, die uns früher noch weitgehend bestimmt haben, weil wir sie kaum erkennen konnten – was für uns in nicht unerheblichem Maß Probleme mit sich gebracht hat. Wenn die gedanklichen Scheuklappen weniger werden, weitet sich unser Blick ganz automatisch.

Und unsere Empfindung des Lebens verändert sich dadurch völlig. Der Grund dafür ist, dass in uns selbst etwas Entscheidendes geschieht. Und wenn dies nicht passiert, wenn wir durch Zen nicht zu größerem inneren Frieden und zu mehr Ruhe und

Entspanntheit finden, wenn wir immer noch wild durch Leben stürzen und denken, wir wüssten alles besser, anstatt uns von ihm getragen und erfüllt zu fühlen, dann hat sich die Kraft des Zen einfach noch nicht ausreichend in uns entwickelt. Wenn wir nicht einfach dasitzen und alles genießen können, ohne etwas tun zu müssen, einfach weil wir das Leben an sich wahrnehmen und es wertschätzen, dann hat Zen seine Wirkung noch nicht entfaltet.

Das Maß des Zen ist der Friede, den wir in uns selbst wahrnehmen können. Und aus diesem inneren Frieden heraus beginnen wir anders zu entscheiden. Wir haben weniger nötig und wir sehen auch, dass es ganz grundlegend weniger Kampf braucht. Wir erkennen, dass es allen Menschen im Grunde um dasselbe geht, auch wenn sich äußerlich große Unterschiede zeigen mögen. All das sind nur Facetten einer einzigen großen Sehnsucht. Je tiefer wir gehen, desto kleiner werden diese Unterschiede, an denen wir uns so oft aufreiben.

Unsere Entscheidungen weisen uns darauf hin, wie weit wir mit unserer Erkenntnis tatsächlich sind. Wie bewusst agieren wir wirklich? Können wir auch die tieferen Konsequenzen erkennen? Oder handeln wir oberflächlich und bekommen so die Wirkung dieser Sichtweise und Handlung irgendwann unweigerlich durch unliebsame Folgen zu spüren?

Wir können viel wissen, aber dieses Wissen hat keinen Wert, wenn wir es nicht in die Tat umsetzen. Wenn wir alles über Zen wissen, es aber nicht zur Praxis werden lassen, nützt dieses Wissen wenig – es wird nie zu unserer eigenen Erfahrung werden.

In meinen Worten drücke ich mein Wissen aus, in meinen Handlungen zeigt sich mein wahres Verständnis der Dinge.

Vielleicht geht es im Grunde darum, wirklich die Verantwortung für das zu übernehmen, was wir tun, und dafür, wie wir entscheiden. Zu einem Großteil ist das Leben die Konsequenz unserer Entscheidungen. Manchmal zeigen sich die wahren Auswirkungen unseres Handeln erst Monate oder Jahre später, aber auch dann haben sie mit etwas zu tun, das wir selbst einmal entschieden haben. Wir ziehen viele der Fäden selbst, aus denen sich das Netz unseres Lebens letztendlich ergibt.

Auch wenn wir uns tief und geduldig mit Zen auseinandersetzen und sogar täglich praktizieren, werden wir immer wieder Fehlentscheidungen treffen. Aber wir werden uns nichts mehr vormachen. Wir sehen immer klarer, wie es dazu kam und welches Verständnis uns fehlte. Wir werden zunehmend aus einer größeren Ruhe heraus entscheiden, und das verbessert die Qualität unseres Handelns erkennbar. Wir können auch auf Dinge verzichten, wenn wir sehen, dass sie einer Sache im Wege stehen würden, die uns noch wichtiger ist. Und wir verstehen immer mehr, dass kaum etwas wirklich so wichtig ist, wie es sich darstellt. Wir werden allem gegenüber ein wenig entspannter.

Das alles verbessert unsere Entscheidungsfähigkeit. Je mehr Bewusstheit wir erlangen, desto öfters beginnen sich die Dinge wie von selbst zu entwickeln.

Nichts ist perfekt, immer wird es Fehler geben, aber wir können uns in diesem Auf und Ab, in diesem Hin und Her des Lebens bedeutend besser orientieren und damit unseren Platz finden. Unser Platz ist dann genau da, wo wir sind. Wir müssen auf nichts mehr hoffen, denn wir sind da, wo wir sein sollen.

Und je mehr uns das gelingt, desto deutlicher werden wir auch etwas anderes feststellen: Zen klärt und entrümpelt unser Leben auf sehr wohltuende Weise. Wir gewinnen eine neue Liebe zur Einfachheit, weil wir sehen, dass sich das Wesentliche nur durch eine gewisse Einfachheit zeigen kann. Wenn wir merken, dass wir das Leben zu vereinfachen beginnen, ist das ein Zeichen für die Wirkung von Zen. Wenn sich der Wunsch nach weniger, aber Essenziellerem zeigt, dann beginnt sich etwas Grundlegendes zu ändern. Alles, was zu viel ist, verstellt den Blick. Klarheit lässt sich nur durch eine gewisse Übersicht erreichen.

Das Materielle wird zugunsten des Menschlichen in die zweite Reihe verbannt. Im Zweifelsfall entscheidet man sich zunehmend für den menschlichen Aspekt. Und so befreien wir uns mehr und mehr von allem Überflüssigen. Wir merken einfach: Wenn etwas unser Leben verkompliziert, müssen wir auf der Hut sein. Vieles macht im ersten Augenblick den Eindruck, gut und unbedingt nötig zu sein, auf längere Sicht aber kann so manches unser Leben belasten und einschränken. Darin liegt oft auch die Tücke der Technik: Sie sollte das Leben effizienter machen, bequemer und praktikabler, aber oft nimmt sie uns derart in Beschlag, dass uns zum Schluss weniger Zeit bleibt also zuvor.

Wir müssen einfach achtsam sein. Was ist wirklich gut und was tut nur so? Wo liegt der wahre Gewinn von etwas Neuem? Oder kann uns Zurückhaltung manchmal weiter bringen?

Es gibt auf Fragen wie diese keine Patentantwort, nur unsere innere Reife. Wir können ein besseres Empfinden für unser Leben entwickeln, und das wird unsere Entscheidungen verändern. Können wir in schwierigen Situationen ruhig bleiben und bei Unklarheiten abwarten, bis sich die Lage in uns geklärt hat, damit wir sinnvoll reagieren können? Oder reagieren wir auf den ersten hektischen Impuls und verpassen so die Gelegenheit, uns besser zu verhalten? Oder verpassen wir das Handeln ganz, weil uns die innere Klarheit fehlt, und vertrödeln so den besten Moment?

Jeden Tag haben wir auf diese Weise Dutzende kleinere und größere Gelegenheiten, Einfluss auf unser Leben zu nehmen. Im Kleinen können wir immer etwas verändern, und das wird sich nach und nach auch auf das Größere auswirken. Wir machen es einfach Schritt für Schritt: Wir üben uns durch unser Sitzen in einer ausgeglichenen Haltung, wir werden achtsamer, wir entscheiden in einer Situation besser als zuvor – und schon hat sich etwas verändert. Und wir tun nichts weiter als das. Wir werden achtsamer – und das verändert unser Leben. Wir nehmen Dinge wahr, die uns vorher verborgen blieben. Wir setzen Prioritäten, die uns vorher nicht bewusst waren, und wir werden zufriedener, weil wir im Einfachen immer mehr Fülle entdecken können, was alles entspannter macht.

Im Zen sagt man: „Wenn der Geist klar ist, sind auch die Handlungen klar." Das ist schön gesagt, aber nicht ganz so einfach zu realisieren. Aber mit jedem Mal, wenn wir Zeit und Aufmerksamkeit investieren, kommen wir dem näher. Durch Zen schaffen wir für uns und andere mehr Raum, in dem wir uns dann auch mehr entfalten können.

Ich finde es jeden Tag spannend, mich selbst zu beobachten. Wo reagiere ich auf welche Weise? Wie zeigt sich meine Praxis im Alltag? In welchem Moment zieht es mich in alte Verhaltensmuster hinein? Und bin ich in der Lage, mich daraus zu befreien und besser (klüger, wohlwollender, weitsichtiger) zu handeln? Gelingt mir in einem schwierigen Moment der Wechsel vom Denken zur Bewusstheit?

Mal staune ich, und manchmal lächle ich auch. Ich staune darüber, wie viel sich verändern kann durch so etwas Einfaches wie zum Beispiel Stillsitzen, und ich lächle darüber, wenn ich merke, wie ich doch immer wieder in altes Fahrwasser gerate und Dinge tue, die weiß Gott nicht gerade der Weisheit letzter Schluss sind. Und ich bin in jedem Moment gespannt, was weiter passieren wird. Jeder Tag ist eine Überraschung, weil man immer wieder neue Entdeckungen macht und darüber nur staunen kann, was so passiert.

So wird unser Handeln tatsächlich zu unserem Maßstab. Wichtig ist nicht, was man über Zen weiß, sondern wie es sich auswirkt auf unser Leben. Natürlich muss man auch einiges darüber wissen und das nötige Verständnis dafür entwickeln, damit es sich richtig auf das Leben auswirken kann, aber Wissen kann einen nur bis zu einem gewissen Punkt führen: Wissen bleibt immer nur theoretisch, wenn wir es nicht im Leben umsetzen können.

Wenn alle das täten, was sie predigen, wäre die Welt ein anderer Ort. Ich glaube, wenn wir allein an diesem Punkt weiterkämen, könnten wir vieles verändern. Nichts predigen, was wir selbst nicht tun; nichts versprechen, was wir selbst nicht halten können.

Das wäre ein guter Weg zu mehr innerem und äußerem Frieden für uns alle.

Viel Geld verdienen
kann man trotzdem

Im Zen geht es um Bewusstsein, nicht um finanzielle Standards. Ob Sie viel oder wenig Geld haben, spielt keine Rolle, solange Ihr Bewusstsein nicht abhängig davon ist. Zu behaupten, wenig Geld zu haben sei gut, wäre schon wieder eine Begrenzung – und das ist nicht der natürliche Weg, das Leben und seine Wahrheit zu verstehen. Solange wir uns noch an solch kategorienbildende Konzepte halten, können wir nicht entdecken, worum es wirklich geht.

Solange wir uns an Normen orientieren, sind wir darin gefangen. Solange wir unseren Wert über die Wertschätzung anderer erlangen, sind wir von ihnen abhängig. Solange Status und seine Symbole nötig sind, spielen wir immer noch das Spiel unseres kleinen Egos. Geld ist weder gut noch schlecht, entscheidend ist unser Verhältnis zu ihm.

Wenn Sie Ihren Wert und Ihr Leben über Geld definieren, sind Sie verloren. Wenn Sie Geld genießen können, aber jederzeit auch ohne auskommen, weil das Wichtige in Ihnen selbst steckt, dann haben Sie mit all den Scheinen und Münzen nicht das geringste Problem. Wenn Sie ohne Gesichtsverlust von der Villa in eine kleine Einzimmerwohnung ziehen, wenn Sie statt des großen Autos mit der Straßenbahn fahren können, dann haben Sie sich von der Macht des Geldes befreit – und dann sollen Sie es großzügig genießen. Wenn Sie aber merken, wie sehr das Geld Sie prägt und Sie zu etwas zwingt, was Sie vielleicht im Herzen gar nicht wollen, und Sie aufgrund dieser Erkenntnis irgendwann beschließen, einen anderen Weg zu gehen und einfacher zu leben, dann haben Sie über das größte Machtmittel der Welt triumphiert: Sie sind nicht weiter durch oberflächliche Verlockungen erpressbar.

Es geht nur um Freiheit. Wenn Geld Ihnen Freiheit gibt, ist das wunderbar, wenn Geld Ihnen Freiheit nimmt, ist das fatal. Und beides spielt immer mit. Wenig Geld zu haben kann schwierig sein, weil man dann einen Großteil der Zeit mit dem Beschaffen des Grundlegenden verbringen muss. Wenn man viel Geld hat, läuft man leicht Gefahr, in seinem teuren Elfenbeinturm gefangen zu sein, viel Zeit mit Unnötigem zu vergeuden oder sich permanent mit seinen Ängsten beschäftigen zu müssen, weil man das Geld durch falsche Entscheidungen oder unglückliche Umstände auch immer wieder verlieren kann.

Wie immer scheint also der Mittelweg der einzig verheißungsvolle zu sein.

Gerade so viel zu haben, dass man gut leben kann – das ist das beste Maß.

Auch wenn uns das nicht gefallen mag, es ist nun einmal sehr schwierig, viel Geld zu haben und gleichzeitig über ein „ungetrübtes Bewusstsein" zu verfügen. Geld scheint unseren Geist sehr leicht zu vernebeln. Es versetzt uns in Erregung, weil wir sehen, was wir damit alles machen können: ein schönes Leben, Einfluss, Macht, Erfolg, Liebschaften ... Geld ist ungemein verlockend. Wir sehen damit das Potenzial zwangsläufig vor allem im

Äußeren und nicht in unserem Innern. Es verlangt einen ziemlich starken Charakter (oder einiges an beharrlicher Zen-Meditation), um nicht mehr in diese Falle zu gehen.

Es gibt, soweit ich weiß, kaum erleuchtete Milliardäre.

Aber es gibt ja ohnehin kaum Erleuchtete. Also scheint dies nicht das Hauptproblem zu sein.

Achtsamkeit ist wichtiger als Geld. Das ist der entscheidende Punkt. Ihre Bewusstheit entscheidet viel mehr über die Qualität Ihres Lebens als Ihr Bankkonto. Wenn Sie still sitzen und über das Leben zu staunen beginnen, spielt Geld einfach keine Rolle. Wenn Sie entdecken, was Sie neben dem Ich, das Sie für sich selbst halten, sonst noch sind, ist Geld wirklich das Unbedeutendste, das es in diesem Augenblick gibt.

Das Beste, was Sie mit Geld tun können ist, sich möglichst viel Zeit für heiteres Nichtstun damit zu gönnen. Tauschen Sie Geld gegen Zeit, soweit es Ihnen möglich ist – es wird das beste Geschäft Ihres Lebens sein. Wir leben in einer absurden Zeit, in der wir uns Zeit „zurückkaufen" müssen. Obwohl Zeit einfach da ist, brauchen wir Geld, um wieder genug davon zu haben.

Wir arbeiten viel, um viel Geld zu verdienen, haben dann wenig Zeit, und wenn wir genug Geld haben, müssen wir das Geld wieder hergeben, damit wir wieder Zeit für uns haben. Und das ist noch eine der besseren Möglichkeiten. Manchmal arbeiten wir auch viel und haben trotzdem nicht viel Geld. Dann können wir nur auf unseren Ruhestand hoffen. Das ist alles ziemlich verzwickt – aber wir haben diese Umstände selbst geschaffen. Niemand hat uns gesagt, dass wir das Maß verlieren und unser Leben auf dem Alter der Güter opfern sollen.

Im Zen sehen wir das alles entspannter: Wir sitzen einfach. Wir werden bewusster, ruhiger und achtsamer. Und wir glauben, dass sich aus dieser Haltung heraus das richtige Maß ergibt. Wir möchten das Leben genießen, aber wir wissen auch, wann es genug ist. Wir verstehen: Alles hat seinen Preis. Und wir wollen wieder in die Lage kommen, abschätzen zu können, ob wir den Preis wirklich bezahlen möchten, der uns für ein bisschen mehr Luxus, Komfort und Prestige abverlangt wird.

Wir genießen, wo wir können, aber wir verzichten auch, wenn es nötig ist.

Seien Sie einfach achtsam, worauf Sie sich einlassen, wenn es ums Geld geht. Mehr kann man dazu eigentlich nicht sagen. Manchmal wäre natürlich auch ich froh, wenn ich mehr Geld hätte. Dann könnte ich ein schönes Meditationszentrum bauen, was mir eine Herzensangelegenheit wäre. Aber im selben Moment bin ich auch froh, dass ich dieses Geld nicht habe, weil ich doch eigentlich vor allem in Ruhe leben möchte und schreiben und herrlich meditieren. Ein Meditationszentrum hätte seine Konsequenzen – so schön es wäre, meine jetzigen Prioritäten würde es unweigerlich ändern. So überlasse ich die Sache einfach dem Universum. Wenn es will, dass ich ein Meditationszentrum baue, soll es auf irgendeine Weise auch das mit dem Geld regeln; wenn es findet, ich solle in Ruhe weiterleben und in Bescheidenheit zufrieden sein, so ist mir das auch recht.

So oder so werde ich es genießen, mich dabei zu beobachten.

Die gute Nachricht des Zen ist also: Sie dürfen viel Geld verdienen. Und die schlechte: Es ist nicht so einfach, dabei nicht das Wesentliche aus dem Auge zu verlieren. Weniger zu haben macht es in der Regel leichter, zu einer gewissen Dankbarkeit zu finden – die Dinge zu achten und richtig wahrzunehmen. Sobald wir zu viel haben, verlieren wir die Wertschätzung fürs Einzelne und fürs Detail – und schon ist unser Zen weg.

Es geht also auch hier nicht um einen moralischen Standpunkt. Es geht ganz praktisch darum, was uns den Weg zur wirklichen Zufriedenheit im Leben leichter macht. Was fördert und was verhindert unsere Achtsamkeit? Woraus besteht unser wahres Glück? Und wo machen wir uns nur selbst etwas vor und kommen keinen Millimeter weiter?

Gier und Frieden schließen sich aus. Das ist eine der wichtigen Erkenntnisse. Auf dieser Basis müssen wir die Dinge zu durchschauen beginnen. Welche Arbeit dient nur meiner Gier? Was ist meine wirkliche Berufung? Womit trage ich zu etwas wahrhaft Gutem bei?

Dabei muss Ehrlichkeit zu unserem eigenen, obersten Managementprinzip werden – ob es nur um uns selber oder um ein ganzes Unternehmen geht. Ohne Ehrlichkeit werden wir früher oder später scheitern. Es gibt kein besseres Prinzip als Ehrlichkeit, wenn wir etwas Wahrhaftiges erreichen wollen. Ehrlichkeit, Achtsamkeit, Wertschätzung – auf diesen Pfeilern sollte unser Leben oder unser Unternehmen aufgebaut sein, wenn es einen soliden Wert haben soll. Alles andere ist nur eine Fata Morgana, die irgendwann verschwinden wird, wie sie aufgetaucht ist: als große Täuschung ohne wahre Substanz. Und es lohnt sich einfach nicht, die Zeit, die wir haben, in (Selbst-)Täuschungen zu investieren.

Ehrlichkeit verlangt aber eben Bewusstheit, denn meist sind wir uns unserer eigenen Unehrlichkeit gar nicht bewusst. Nur allzu oft machen wir uns selbst etwas vor, weil wir die Realität nicht sehen wollen. Oft ist uns der schöne Schein lieber als nackte Realität. Wir möchten weiterhin an das glauben, was wir für unser Selbst halten. Bis es dann eines Tages vielleicht gar nicht mehr anders geht, als zu sehen, wer wir wirklich sind und wie alles tatsächlich ist: Durch eine Krise, die uns – weshalb auch immer – dazu zwingt, klarer hinzuschauen.

Eine Krise ist immer ein Moment der Ehrlichkeit. Etwas hat sich in einer Art und Weise entwickelt, wie wir es nicht kommen sahen – sonst hätten wir ja früher etwas dagegen unternommen. Wir sahen nicht, was sich da anbahnte, wir merkten es erst, als es zu spät war.

Die Krise wirft uns unmittelbar auf uns selbst und unsere Illusionen zurück. Das ist ein großer Moment, denn er gibt uns die Möglichkeit, die Dinge anders zu betrachten und infolgedessen besser zu handeln. Wir werden zu etwas anderem gezwungen, als wir eigentlich wollten.

Die Krise zwingt uns, genauer hinzusehen. Sie zwingt uns zur Ehrlichkeit. Vielleicht waren wir nicht so klug, so weitsichtig und so unverwundbar, wie wir in guten Zeiten meinten. Da scheint es noch andere Aspekte zu geben, die wir ebenfalls berücksichtigen müssen. Und weil wir die nicht sehen wollten, wird uns das Sehen verordnet. Eine schwierige Situation ist also meist dazu da, uns die Augen zu öffnen. Wenn wir klug sind, tun wir das schon vorher – bevor es zur Krise kommt. Je früher wir reagieren können, desto leichter geht es. Das ist aber leider nicht immer möglich. Auch nicht, wenn wir noch so viel Zazen üben und das Leben so ruhig und gelassen nehmen, wie es nur geht. Irgendetwas taucht immer auf, das uns Schwierigkeiten macht.

Was immer auch geschieht – wir versuchen dabei möglichst achtsam zu sein und genauer wahrzunehmen, worum es geht. Wir versuchen, den größeren Zusammenhang und damit die bessere Lösung zu entdecken. Denn genau diese neue Bewusstheit macht es uns möglich zu erkennen, dass es auch andere Sicht- und Handlungsweisen gibt als nur diejenigen, die uns bislang zur Verfügung standen.

Manchmal sind wir einfach ziemlich versessen darauf, an einer Illusion festzuhalten. Dann wird sich uns irgendetwas in den Weg stellen, damit wir genauer hinschauen. Manchmal braucht es auch mehrere Anläufe, bis wir wirklich Zusammenhänge erkennen. Und manchmal finden wir auch irgendein Schlupfloch und meinen, das Problem so gelöst zu haben. Bis es uns auf eine andere Weise wieder über den Weg läuft.

Dabei können wir viel Geld verdienen oder wenig. Mit viel Geld sind wir auch nicht ohne Probleme – es sind einfach andere. Möglicherweise werden uns weniger Sorgen von außen aufgezwungen, dafür machen wir uns mehr unsere eigenen. Ich weiß nicht, was letztendlich besser ist. Das Vernünftigste, denke ich, wäre, wenn alle gut leben könnten. Ein schönes, gesundes Maß an Wohlstand, aber nicht mehr. Das wäre zweifellos die Zen-Variante. Angenehm leben mit einem schönen Anteil an Zeit zum Nichtstun und Meditieren. Nie ins Übermaß kippen, um nur ja nicht unnötigen Ballast anzusammeln. Das Leben genießen, aber auch wissen, wann es genug ist. Den anderen auch etwas gönnen, das wäre ebenfalls herrlich. Zu wissen, dass wir zusammen auf diesem Planeten sind, um zu verstehen, dass voneinander zu profitieren immer weiser ist, als in erster Linie auf Kosten der anderen zu leben.

Wenn wir Zen praktizieren, können wir das in uns selbst entdecken. Wir können diesen Zustand des Gleichgewichts in uns finden und dann versuchen, es nach außen zu tragen. Wir sehen dann, dass Harmonie und Gleichgewicht für uns selbst und die Welt das Beste sind, aber wir erkennen auch, wie labil dieser Zustand ist und wie leicht er kippen kann. Man muss sorgsam mit allem umgehen.

Aber bereits indem wir darauf zu achten beginnen, vollzieht sich der entscheidende Schritt. Wir werden uns der Zusammenhänge mehr und mehr bewusst. Und das ist im Grunde das Wichtigste, was es für eine Veränderung zum Guten braucht: diese wachsende Bewusstheit.

Es ist das, was unseren Blick öffnet und unser kleinliches Ego in seine Schranken weist. Wenn wir es schaffen, uns des Denkens bewusst zu werden, ist die Instanz, die dies entdeckt, schon nicht mehr Teil dieses Denkens. Das ist der Schlüssel zu unserer neuen Freiheit: Es muss eine Bewusstheit geben, die über das Denken hinausgeht, wenn wir das Denken beobachten können. Das, was unser Denken, unsere Gefühle, Überzeugungen und Sichtweisen beobachtet, ist außerhalb von ihm, respektive geht weit darüber hinaus. Und wenn Sie an diesem Punkt weitermachen, werden

Sie irgendwann entdecken, dass all das, was wir normalerweise für uns selbst halten, wirklich nur ein sehr kleiner Teil unseres wahren Bewusstseins ist. Dann beginnt die wirklich spannende Entdeckungsreise.

Und in dieser Hinsicht hilft kein Geld der Welt. Das ist die vielleicht einzige große Gerechtigkeit, die es gibt: Bewusstheit ist allen gleich zugänglich. Sie ist hier und jetzt und in unermesslichem Ausmaß vorhanden. Ob Sie in einer Villa an der Côte d'Azur sitzen oder in einem Slum in Kalkutta – Bewusstheit können Sie an beiden Orten in gleichem Maße finden. Oder nicht.

Achten Sie auf Ihre Achtsamkeit. Werden Sie sich Ihrer Bewusstheit bewusst.

Das ist die Währung, die letztendlich entscheidet.

Probleme ohne Zen,
Probleme mit Zen

Wenn man weiß, was man wirklich liebt, wird das Leben bedeutend einfacher. Das heißt nicht, dass es keine Probleme mehr gäbe, aber Probleme sind dann einfach das, was man überwinden muss, damit man weiterhin das tun kann, was man liebt: also an und für sich kein großes Problem.

Je mehr wir die Qualitäten des Lebens zu entdecken beginnen, desto mehr lieben wir es, wie es in diesem Moment ist. Da mögen auch Schwierigkeiten sein, um die wir uns kümmern müssen, aber sie haben nicht mehr die grundlegende Bedeutung, wie das vielleicht einmal der Fall war. Das Leben selbst spielt die tragende Rolle: dieses Wunderwerk, das alles entstehen und auch wieder vergehen lässt und in dem eine alles umfassende Harmonie das Zepter in Händen hält.

Trotz Zen gibt es also weiterhin Probleme – und das ist gut so. Ohne Probleme neigen wir alle zu Überheblichkeit. Wir glauben, das Leben im Griff und damit gleichzeitig alles verstanden zu haben. Aber das wird sich eben erst zeigen, wenn Probleme auftauchen und nicht mehr alles so rund läuft, wie wir das gerne hätten. Wie tief reicht unser Verständnis dann? Wie sehr können wir durchschauen, worum es wirklich geht? Sind wir dann noch so souverän wie in Zeiten, als alles gut lief?

Im Zen versuchen wir Schwierigkeiten als ganz besondere Gelegenheit zu betrachten. Alles vorher war schöne Theorie, jetzt kommt die Praxis. Wie gehe ich mit der Situation um? Reagiere ich weiser? Oder verstricke ich mich wie eh und je und verliere dabei meine Ruhe?

Jeder Chef, der schwierig ist, jede Arbeit, die mich langweilt, jeder Kollege, der mich schneidet – alles das ist eine wundervolle Gelegenheit für Zen. Jeder Geschäftspartner, der mich übervorteilen will, jeder Lieferant, der unzuverlässig ist, und jeder Fehler, der gemacht wird, kann zu einem Prüfstein für mein Zen werden. Erkenne ich schneller und reagiere ich klüger? Kann ich von meiner Meditation auch im Eifer des Gefechts profitieren? Lässt sich die Situation leichter meistern als früher? Gibt es weniger Reibereien und kann ich den Kraftaufwand vermindern?

Im Zen konzentrieren wir uns ganz auf die Erfordernisse des Augenblicks. Wenn ein Problem da ist, geht es genau darum. Wenn kein Problem da ist, geht es ebenfalls genau darum. Was auch immer geschieht, wir schenken ihm einfach unsere ganze Aufmerksamkeit. So wird aus jeder Situation die bestmögliche.

Vielleicht wird Ihre Arbeit Sie immer noch nicht ganz zufriedenstellen, aber wie Sie Ihre Arbeit bewerkstelligen, das befriedigt Sie voll und ganz. Und das ist genau der Unterschied, den wir selber machen können. Wie wir mit allem umgehen, das liegt allein an uns. Und die Auswirkungen werden nicht lange auf sich warten lassen. Unsere Art zu reagieren hat immer Einfluss auf alles um uns herum.

Ja, wir werden auch weiterhin Probleme haben. Aber wie wir damit umgehen, das verändert sich – und damit verändern sich auch die Probleme selbst. Denn ein Problem ist ja nur eines, weil ich es als solches betrachte. Wenn ich es anders zu sehen beginne, verändert sich auch die Begebenheit als solche – wenn sich unser Blick öffnet, ist das Detail, das vorher vielleicht noch alles beherrschend war, plötzlich nicht mehr ganz so bestimmend; denn da gibt es noch andere Zusammenhänge und Einflüsse und Möglichkeiten. Plötzlich bin ich einfach nur noch in einer Situation, in der ich zu handeln habe und die ich mit Interesse verfolge, weil ich gespannt bin, was sich daraus ergibt. Wir urteilen in der Regel vorschnell, denn wir wissen ja eigentlich nie, wofür etwas gut ist. Viele unserer Schwierigkeiten entpuppen sich auf längere Sicht als wertvolle Korrektur. Aber weil sie uns zu einer Änderung zwingen, wollen wir sie erst einmal nicht haben – wenn wir uns aber mit ihnen arrangieren konnten, erkennen wir meist auch ihren Nutzen.

Wir sehen alles häufig nur aus unserer begrenzten Perspektive und halten sie für die Wirklichkeit. Aber die Wirklichkeit weiß wesentlich mehr als wir. Manchmal kann es also hilfreich sein, wenn wir uns ein wenig fügen müssen. Aber natürlich gibt es auch Situationen, da werden wir nie verstehen, weshalb etwas so kommen musste, wie es kam. Es gibt Schicksale und Tragödien, die entziehen sich einfach unserem Verständnis. Ich möchte nicht den Anschein erwecken, dass wir einfach immer nur das Gute erkennen müssen. Das Leben ist manchmal gnadenlos und durch nichts zu beschönigen. Für uns selbst mag das immer wieder schwierig sein, für das Leben selbst hingegen ist es nicht das geringste Problem. Es geht einfach weiter. Und wir selbst sind Teil dieses Weitergehens, bis es für uns ein natürliches Ende findet. Und auch dann kommt einfach etwas Neues nach.

Das Leben als solches ist weder gut noch schlecht. Es kennt auch keine Schwierigkeiten. Es entwickelt sich einfach. Alles entsteht und vergeht. Und aus dem, was vergeht, entsteht etwas Neues. Geschieht eine Tragödie, entsteht auch aus dieser heraus etwas, das darauf folgt. Es folgt immer etwas – nichts bleibt so, wie es ist.

Das eine ergibt sich aus dem andern. Wie ich mich verhalte, so wird meine Zukunft sein, die Art und Weise, wie ich reagiere, entscheidet über mein Leben. Aber weil es nie nur um meinen Einfluss alleine geht, weil da immer noch Tausende oder Millionen von Interaktionen gleichzeitig um mich herum stattfinden, die das ganze Geschehen immer ausbalancieren und im Gleichgewicht halten, kann ich zwar alles beeinflussen, aber gleichzeitig beeinflusst alles auch mich. Und je mehr ich mich in diesen Fluss des Geschehens einfügen kann, desto leichter fällt mir alles.

Im Zen geht es darum, das zu verstehen und zu erleben, wovon wir Teil sind. Dieses Leben, wie es ist. Dieses Kontinuum allen Geschehens.

Mit Problemen oder ohne. Ob es so läuft, wie wir uns das vorstellen – oder ganz anders. Ob das Leben auf unsere Ansprüche eingeht oder nicht. Solange wir alles aus unserer eigenen kleinlichen Sicht betrachten, mag es Probleme geben, sobald wir es aber von der Warte des Lebens aus sehen, ist da nirgendwo mehr ein Problem. Das Leben ist einfach das, was geschieht. Ein Planet mit ein paar Milliarden Menschen darauf, die kaum eine Antwort darauf haben, weshalb sie eigentlich hier sind. In einem sich unentwegt expandierenden Universum, von dem wir nicht wissen, was es eigentlich will. Wir können uns dieses Leben gemeinsam besser einrichten oder schlechter. Das Leben selber sagt nicht, dass wir Kriege führen müssen und die Ressourcen derart ungerecht verteilt werden sollen. Das Leben sagt nur: Hier habt ihr Möglichkeiten und Schwierigkeiten, schaut, was ihr daraus macht.

Wie weise sind wir bisher mit diesen Möglichkeiten und Schwierigkeiten umgegangen?

Wie tief reicht unser Verständnis tatsächlich?

Wenn wir uns jeden Tag ein wenig Zeit für die Praxis des Zazen nehmen und unser Leben dadurch ruhiger und präsenter wird, wenn wir merken, wie wohltuend sich Einfachheit und Langsamkeit auf unser Leben mit all seinen Möglichkeiten und Schwierigkeiten auswirken, dann können wir kaum glauben, dass sich so etwas Einfaches wie dieses stille Dasitzen auf eine derartige Weise bemerkbar machen kann. Da wir es aber schließlich selbst hautnah erleben, glauben wir es eben doch. Die Probleme verschwinden nicht gleich, aber sie verändern sich, weil wir uns verändern. Es scheint, als hätten wir zu einem andern Umgang mit der Wirklichkeit gefunden, und wir erkennen dann, dass unsere Illusionen uns wirklich nie zufriedenstellen können und dass ein Großteil unserer Sorgen und Nöte aus ihnen resultiert. Je besser wir das alles wahrnehmen, desto weniger Schwierigkeiten haben wir. Und je weniger wir erwarten, desto größer die Überraschungen, die möglich sind.

Im Zen gibt es einen wunderbaren Satz, den ich für sehr vielsagend halte: „Suche nicht nach der Wahrheit, lass einfach deine Ansichten los." Wenn wir unsere Vorstellungen und Meinungen, wie etwas zu sein hat, hinter uns lassen, dann ist die Wahrheit, „wie sie ist", ganz einfach da. Und in dem Moment können wir sie auch erkennen. Wenn wir still werden und unsere Ansichten und Voreingenommenheiten abklingen, dann taucht die Wahrheit dahinter auf. Am Anfang mag dies sehr subtil sein, kaum erkennbar, aber je mehr wir uns üben, desto klarer wird alles.

Solange wir an unseren Meinungen festhalten, werden wir die Wahrheit nicht erkennen. Solange wir auf das Denken bauen, werden wir über seine gewohnten Muster, aus denen es nun einmal besteht, nicht hinauskommen. Das Denken ist nicht falsch, es ist nur äußerst limitiert. Es kann einfach nicht denken, was über es selbst hinausgeht. Wie soll es auch? Dem Denken können wir keinen Vorwurf machen, höchstens uns selbst – dafür, dass wir uns selbst so sehr auf diesen eingeschränkten Mechanismus reduzieren. Und nicht erkennen, dass da noch viel mehr ist. Viel mehr, das uns zu einem guten Leben verhelfen kann.

Irgendwann habe ich einmal den Satz gehört: „Leiden wird in Weisheit verwandelt – oder wiederholt sich." Woher der Gedanke auch kommen mag, er hört sich auf jeden Fall sehr buddhistisch an. Und mir scheint er in direktem Zusammenhang mit unserem Denken zu stehen. Oft ist es ja nur unser Denken, das uns leiden lässt, denn es ist ja gleichzeitig auch der Ursprung unserer Emotionen. Emotionen sind Gedanken, die sich im Körper gefühlsmäßig ausdrücken. Der Ursprung liegt aber immer bei den Gedanken. Etwas ist nicht so, wie wir es haben möchten, und deshalb leiden wir. Aber wir müssen uns das ja zuerst sagen, um darunter zu leiden. Ohne Gedanken wäre es einfach nur so, wie es ist. Die Wertung kommt durch das Denken, und das Leiden kommt aus unserem Bewerten. So wäre es besser, denken wir uns, und weil es nicht so ist, leiden wir. Das ist sogar bei körperlichen Schmerzen so. Der Schmerz ist einfach ein Schmerz (wobei ich den keinesfalls verniedlichen will), aber unser Leiden entsteht erst durch unser Denken, dass ich es nicht so haben will, wie es ist. Mein Kopfschmerz ist einfach ein Kopfschmerz, aber erst wenn ich mein Denken um den Schmerz kreisen lasse, wenn ich ihn weghaben will (was verständlich ist), entsteht das, was man Leiden nennt. Das Leiden ist das Nicht-akzeptieren-Können der Situation. Schmerz ist die Situation, Leiden ist das, was ich daraus mache. Schmerz lässt nach, wenn die Ursache weg ist, Leiden kann sich weit über die Ursache hinaus in die Länge ziehen – ohne dass es dafür noch einen unmittelbaren Grund gäbe. Liebeskummer ist kein Schmerz, sondern ein Leiden. Etwas fehlt, was ich haben möchte, und daraus entsteht Leiden. Aber das Leiden entsteht nur, weil meine Gedanken (und die daraus folgenden Emotionen) mir sagen, dass ich es nicht so haben will, wie es ist. Im Grunde ist da kein realer Schmerz, sondern Leiden, weil wir daran leiden, dass etwas einfach nicht so ist, wie wir es haben möchten.

Wenn das Leben sich nicht so entwickelt, wie ich möchte, dann leide ich, weil meine Vorstellungen andere sind. Ich leide im Grunde an meinen Vorstellungen. Man kann ja nicht sagen, dass das Leben falsch ist, eher sind es meine Vorstellungen davon.

Das Leben hat im Zweifelsfall immer recht, da es am längeren Hebel sitzt. Entweder ich beginne das Leben zu verstehen – oder ich leide weiter. Oder eben: „Leiden wird in Weisheit verwandelt – oder wiederholt sich." Die Weisheit besteht also darin, unser Dasein zu verstehen, wie es ist, und nicht unsere Vorstellungen, die wir davon haben, durchboxen zu wollen. Es ist weise, sich mit ihm zu arrangieren und von ihm zu lernen und zu profitieren. Und es ist unklug, sich gegen das Leben zu stellen und zu meinen, dass man klüger sei. Das beschert einem dann wirklich nur unnötige Probleme. Und das ist nicht der Sinn und Zweck des Zen.

Probleme mit dem Leben vermindern sich erheblich, wenn man es als Ganzes besser versteht. Es wird zweifelsohne auch weiterhin Schwierigkeiten geben, aber sie verlieren an Einfluss und Schärfe. Sie sind einfach ein Teil von dem, was geschieht. Aber das Leben wird mehr, und die Probleme werden weniger.

Und das wirklich nur dadurch, dass Sie jeden Tag eine gewisse Zeit lang nichts tun: still dasitzen, auf die Haltung und auf den Atem achten und rein gar nichts erreichen und keiner Vorstellung entsprechen wollen. Das ist die große Wohltat. Alle Annahmen darüber, wie alles zu sein hat, verschwinden. Es gibt nur das Leben, wie es genau in diesem Augenblick ist. Von allem andern sind Sie befreit. Von allen Vorstellungen, Meinungen und Gedanken, die über dieses stille Dasitzen hinausgehen. Von allen Anforderungen und Erwartungen. Von allem, wie es sein sollte und sein müsste. Von allem Sollen und Müssen sind Sie auf Ihrem Kissen befreit.

Kein Problem mehr. Es ist alles einfach nur so, wie es ist.

Oder anders gesagt: Es herrscht völliger Friede in uns.

Zen ist mehr als nur das: Dem Leben eine neue Richtung geben

Was wir auch immer darüber zu sagen versuchen, Zen ist auf jeden Fall mehr als nur das. Denn wenn wir Zen langsam zu realisieren beginnen, erleben wir einen Bewusstseinszustand, der sich mit Worten nicht fassen oder definieren lässt: Jedes Wort schränkt diese alles durchdringende Erfahrung nur ein.

Was immer ich hier also zu sagen versuche, Zen ist immer mehr als nur das. Und was immer Ihnen auch ein zutiefst erleuchteter und hochoffizieller Zen-Meister sagen wird, Zen ist genauso bei ihm mehr als nur das.

Was unsere Arbeit betrifft, wird Zen sich dadurch zeigen, dass selbst die einfachste Tätigkeit eine bestimmte Qualität annimmt. Es ist eine Qualität, die sich durch Sorgfalt und Achtsamkeit ausdrückt – und wir können sie wahrnehmen, während sie entsteht und sich dann entfaltet. Denn in allem, was wir tun, drückt sich die Qualität unseres Bewusstseins aus, und wenn diese sich in unserem Handeln zeigt, nehmen wir es in diesem Augenblick direkt wahr: Alles bekommt einen anderen Geschmack, eine größere Tiefe und einen anderen Wert.

Wenn man in Worte fassen könnte, was Zen und Meditation einem bringt, würden sofort alle damit beginnen. Da bin ich mir sicher. Die Schwierigkeit liegt wirklich darin, dass wir so sehr auf Logik getrimmt sind und entsprechend in erster Linie auf Worte und Zahlen vertrauen und nicht auf das, was hinter allem liegt: auf das Leben selbst und das enorm Schöpferische, das darin zu finden ist. Ich glaube, das ist unsere größte Beschränkung: diese Nüchternheit und die Tendenz, alles rationell erklären zu wollen. So wird unser Leben zum Kalkül, aber nicht zu einem lebendigen Ausdruck dessen, was sich unentwegt neu ergibt und sich ständig weiterentwickelt.

Wenn Zen einen Zweck hat, dann sicher den, uns diese offenere Dimension des Lebens erfahren zu lassen. Zen ist „mehr als nur das", und unser Leben ist ebenfalls „mehr als nur das". Darin liegt in meinen Augen der wesentliche Sinn und Zweck des Zen – in diesen vier kurzen Worten.

Es geht um ein Verständnis jenseits des Denkens und um etwas, das alle Aspekte des Lebens durchdringt. Verglichen damit werden alle oberflächlichen Reize der Welt, die sonst so betörend erscheinen mögen, unbedeutend. Wir genießen weiterhin, was es zu genießen gibt, aber wir wissen dabei immer auch um dieses Bedeutungsvollere. Wir können etwas schätzen und es gleichzeitig auch in einem gesunden Maß relativieren. Und wenn wir merken, dass der Preis für den Genuss zu hoch ist, weil immer alles in irgendeiner Form seinen Preis hat, dann können wir auch darauf verzichten, denn wir haben ja immer noch dieses „mehr als nur das".

Das macht uns unendlich viel freier als alles, was uns sonst versprochen wird. Die Freiheit, wieder selbst über Wünsche und all die anderen Verlockungen entscheiden zu können und ihnen nicht durch Unbewusstheit blind und gierig folgen zu müssen, lässt uns sehr viel autonomer werden. Vielleicht merken wir sogar zum ersten Mal im Leben, was Freiheit wirklich bedeutet: eben auch freier von unseren eigenen inneren Verstrickungen und Unklarheiten zu sein.

Der einzige Weg, der dahin führt, ist das Nichtstun. Sich auf ein Kissen zu setzen und still zu werden. Die automatischen Reaktionen und Denkgewohnheiten ins Leere laufen zu lassen und so zu einer neuen Ruhe zu finden, aus der heraus dann ganz andere Reaktionen möglich sind. Alles, was wir aufgrund unserer alten Logik tun, wird nur die alte Logik stärken. Die wahren Neuerungen kommen aus der Ruhe.

Das ist es, was so ganz und gar unverständlich ist am Zen. Wir müssen nichts tun, damit wir alles anders tun können. Das ist für unseren Verstand nicht nachzuvollziehen. Er funktioniert linear und additiv, bei ihm muss etwas Neues hinzukommen, damit etwas Neues entstehen kann. Bei Weisheit ist das anders: Weisheit funktioniert eher durch das Weglassen des Falschen, durch das Minimieren und durch das, was als Essenzielles auftaucht, wenn der ganze Ballast weggefallen ist.

Mein Verständnis geht also eher in die Richtung, dass es keine radikalen Veränderungen braucht – eher Bewusstheit.

Denn dieser Zustand, um den es hier geht, ist schon da. Wir müssen ihn uns nicht neu erarbeiten. Es gibt nichts, was dazukommen muss. Er liegt einfach nur unter dem versteckt, was wir zu sein glauben. Wenn wir diese einschränkenden Sichtweisen weglassen, wird das andere direkt wahrnehmbar.

Bewusstheit ist ein völlig anderer Zustand als Denken. Beides ist nicht zu vergleichen. Es ist so, als wollte man die Weite des Himmels mit dem Gehalt einer Konservendose vergleichen. Aber man muss das erleben, um es zu verstehen.

Sobald unser Geist ruhig wird, dehnt sich das Bewusstsein aus. Wir müssen nur unseren Geist beruhigen, der Rest geschieht von alleine. Das ist der Sinn der Zazen-Praxis. Indem wir uns nicht mehr von Gedanken und Emotionen, von Annahmen und Vorurteilen in Beschlag nehmen lassen, wird es möglich. Und das überall und jederzeit. Sie können im Büro sitzen und diesen Zustand abrufen. Sie können sich auf eine wichtige Sitzung vorbereiten und dies aus diesem Bewusstsein heraus tun. Sie können in schwierigen Situationen zur Ruhe kommen, indem Sie sich einfach aufrecht hinsetzen und tief atmen. Je ausgiebiger Sie Zazen praktizieren, desto mehr verankern Sie diesen Zustand in sich, und desto mehr können Sie darauf zurückgreifen, wenn er nötig ist.

Diese Haltung der Ruhe, der Übersicht und der Offenheit wirkt sich in jedem Moment hilfreich aus – für Sie selbst und für Ihre ganze Umgebung.

Die Welt ist so, weil wir so sind, und wenn wir uns ändern, ändert sich auch die Welt. Wenn es in uns selbst friedlicher wird, dann wird auch die Welt und unser Umgang miteinander friedlicher werden. Aber vergessen Sie nie, dass dies einfach nur Worte sind. Sie müssen selbst in Ihrem Leben überprüfen, ob sich alles so verhält: Wird Ihr Leben friedlicher durch Zazen? Wird es einfacher und klarer? Gibt es diese Erfahrung von Bewusstsein, die unser Verstand nicht fassen kann? Können wir das Leben tatsächlich völlig anders wahrnehmen und den Hintergrund von allem erkennen? Oder sind das alles nur Phrasen?

Wenn Sie es selbst erfahren, werden Sie es wissen. Wenn Sie es nicht erfahren, waren es vielleicht tatsächlich nur Phrasen – oder Sie haben einfach zu wenig geübt!

Wenn wir immer und immer wieder still sitzen und den Geist ruhig werden lassen, können wir unsere Unersättlichkeit durchschauen, die uns so rastlos macht, und wir werden entdecken, woher wahre Zufriedenheit wirklich kommt. Wir sehen dann, welchen Preis wir bezahlen, wenn wir in erster Linie unseren über all die Jahre gehegten Illusionen nachjagen. Je mehr aber Meditation Teil unseres Lebens wird, desto mehr treten solch äußere Beweggründe in den Hintergrund, und wir können zu einer tieferen Zufriedenheit in uns selbst finden.

Nichts kann unser Bewusstsein so verändern wie Meditation.

Aber vielleicht müssen wir nicht einmal so weit gehen, vielleicht genügt uns ja schon das, was die Autorin Vickie Dodd einmal ausgedrückt hat: „Ich meditiere, um in dieser Welt ein freundlicheres und vernünftigeres Wesen sein zu können." Das hört sich nicht nach einem abgehobenen Ziel an, sondern einfach nach ein bisschen mehr Menschlichkeit. Und allein damit wäre viel gewonnen.

Indem wir uns darin üben, still zu werden, können wir die kleineren und größeren Fixierungen hinter uns lassen, die uns immer wieder begrenzen – und dadurch schaffen wir uns neuen geistigen Raum. Das ist etwas Wesentliches. Durch die Ruhe und das Zurücknehmen unserer Wünsche und Anforderungen ermöglichen wir neue Bedingungen, damit etwas ganz anderes zum Tragen kommen kann. In diesem neuen geistigen Raum, der sich uns so eröffnet, entsteht dieses „mehr als nur das".

Unsere Zukunft hängt von vielen Faktoren ab, aber Bewusstheit ist sicherlich der maßgebliche, den wir selbst beeinflussen können. Je tiefer unser Bewusstsein reicht, desto mehr Einfluss können wir auf unser Leben nehmen. Und je unbewusster wir mit uns selbst umgehen, desto mehr sind wir einfach nur Spielball der Umstände.

Wenn wir Zen verstehen wollen, sollten wir es nicht zu erklären versuchen. Unser Gehirn ist einfach nicht in der Lage, solch umfassende Fragen zu erörtern, was aber nicht heißt, dass es keine Antworten gäbe, sondern schlicht, dass sie nicht aus dem Verstand kommen können. Die wahren Antworten kommen aus dem Bereich des „Nichtdenkens", also des Wissens, das nicht auf Gehirnwindungen und Kausalketten beschränkt ist, sondern aus ganz anderen Quellen und Dimensionen schöpfen kann. Wenn wir unseren Geist nicht mehr an unser Denken abtreten und ihn so von unseren eigenen kleinlichen Meinungen befreien, dann wird er die Wahrheit ganz von selbst entdecken.

Es ist eigentlich keine große Sache. Nichts Heiliges, und man muss auch keinen Tanz darum machen. Ganz im Gegenteil. Je weniger Theater wir veranstalten, desto näher kommen wir dem Leben. Wir sitzen einfach nur ruhig da und atmen. Wir achten auf die richtige Haltung und die Ausgeglichenheit. Und wir versuchen, rein gar nichts von all dem zu verstehen. Wir erwarten keine Antworten. Wir sitzen nur da und schränken nichts durch Gedanken und Erwartungen ein.

Oder um es mit dem tibetischen Meditationslehrer Gendün Rinpoche zu sagen: „Sich einfach hinzusetzen und zu praktizieren ist genug. Der Wandel geschieht von selbst."

Das ist das wirklich Erstaunliche an der ganzen Sache.

Egal, was in Ihrem Leben auch geschehen mag: Für eine halbe Stunde oder eine Stunde des Tages sitzen Sie einfach in der richtigen Haltung da. Sie erwarten nichts. Sie sitzen nur da, um genau so dazusitzen. Was immer auch geschehen mag, Sie beobachten es einfach. Ob Sie glücklich damit sind oder nicht, spielt keine Rolle. Sie sitzen einfach. Ob andere das gut oder schlecht finden mögen, ist völlig unerheblich. Ob Sie nach einem Jahr bereits ein Buddha sind oder nicht – ganz und gar unerheblich in diesem Moment.

Es geht nicht darum, etwas zu erreichen, sondern darum, es zu tun – daraus entsteht die Befreiung. Sobald Sie etwas erreichen wollen, sitzen Sie nicht mehr einfach so. Ein Gedanke an ein Ziel, und Ihr Zazen ist weg. Äußerlich mag es noch nach Zazen aussehen, innerlich ist es keines mehr. Ein Gedanke wie „Jetzt müsste es dann langsam aber etwas bringen", der Sie in Beschlag nimmt – und mit dem freien Zustand ist es vorbei.

Dieses „Sitzen ohne Ziel" wird Sie Ihrem wahren Ziel näher bringen. So paradox sich das anhören mag, so unfassbar ist es, wenn man die ersten Erfahrungen mit diesem „mehr als nur das" macht. Dann verstehen wir, dass es unmöglich durch Gedanken zu erfassen ist. Wir können es wahrnehmen und erfahren, aber nicht denken. Es ist undenkbar.

Das wahre Zen kommt aus unserem Innern. Und unser wachsendes Verständnis für alles und unsere weiseren Handlungsweisen kommen ebenfalls von da. Alles kommt aus dem Gleichen. Es ist diese Einheit, aus der die neue Qualität kommt. Diese größere Ausgeglichenheit und diese erstaunliche Zufriedenheit. Unser neuer Friede mit uns selbst. Und mit allen. (Sogar mit dem schwierigen Chef! Aber das kann – zugegeben – etwas dauern.)

Ich möchte wirklich nicht zu viel versprechen, aber ich denke, dass sich ein geduldiger Versuch auf jeden Fall lohnen wird. Ein bisschen mehr innere Ruhe zahlt sich immer aus. Und ein bisschen mehr Bescheidenheit und Demut sind gut für uns selbst und für die Welt. Darüber hinaus kann uns Zen an Bereiche heranführen, von denen wir bis heute keine Vorstellung haben – und deshalb ist es auch am besten, sich keine davon zu machen.

Alles, was wir uns vorstellen, schränkt uns ein.

Wahres Glück aber entsteht nicht durch Einschränkung.

Dem großen Fluss folgen – Glück in Aktion

Welchen Weg wir auch immer gehen, wir sollten einfach darauf achten, bewusster zu leben – dann sind wir auf der richtigen Spur. Und dafür sind weniger äußere Umstände nötig als innerer Wandel. Bewusstheit entsteht nur durch uns selbst: durch eine genauere Wahrnehmung und mehr Achtsamkeit. Und in jedem Moment haben wir dazu Gelegenheit. Indem wir uns von den Umständen nicht einfach mitreißen und vereinnahmen lassen, sondern möglichst bewusst bleiben – unabhängig davon, was auch geschieht. Dann werden wir erkennen, dass es eine Möglichkeit gibt, in unserem eigenen Innern Ruhe und Stärke zu finden – und das wird sich sehr hilfreich auf unser ganzes Leben auswirken, ob es um unsere Arbeit geht, unser Privatleben, um unsere Gesundheit oder unseren spirituellen Fortschritt.

Es geht um das vertiefte Wahrnehmen der Übereinstimmung von uns und allem. Im Taoismus wird das Leben als großer Fluss gesehen, dessen Teil wir sind. Alles ist in ständiger Bewegung, alles ist ein ununterbrochenes Entstehen und Vergehen, alles beeinflusst sich gegenseitig, alles kommt aus derselben Quelle und verschwindet auch wieder in diese hinein – und wir sind davon nicht ausgenommen.

Wenn wir das wahrnehmen können, wird das Leben sehr viel einfacher. Wir sehen dann, dass längst nicht alles so persönlich gemeint ist, wie es uns scheint. Manchmal erkennen wir einfach nicht, dass der große Fluss etwas anderes will als wir und dass es manchmal klüger ist, sich noch ein wenig treiben zu lassen, bis sich das Richtige ergibt. Das richtige Abwarten und das Erkennen von Chancen kann uns tatsächlich auf einfachere und lohnendere Weise weiterbringen, als wenn wir mit dem Kopf durch die Wand wollen. Auch wenn es uns manchmal so scheinen mag: Wir sind keine Einzelwesen, die alleine gegen alles kämpfen müssen. Wir sind Teil von etwas viel Größerem, mit dem wir in Übereinstimmung kommen können. Das zu erfahren ist vielleicht das größte Glück, das sich aus dem Üben von Zazen ergeben kann.

Je tiefer Zen uns führt, desto klarer erkennen wir, dass Glück eher in einem Zustand des Seins zu finden ist als in einem des ewigen Tun-und-vollbringen-Müssens. Sehr oft sind wir Getriebene – und wissen nicht einmal weshalb. Die Unruhe kommt aus uns selbst, und wenn wir nicht gerade an diesem Punkt anfangen, werden wir nie irgendwohin gelangen, wo das zu finden ist, was wir uns wirklich wünschen.

Achtsamkeit ist dabei der Schlüssel. Die Dinge langsamer angehen lassen. Uns Zeit geben, genauer wahrzunehmen und mehr das Ganze zu erkennen. Durch Achtsamkeit verändert sich unser Inneres – und daraus ergibt sich alles andere, was positiven Einfluss auf unser Leben hat.

Zen ist eine einfache Sache – und ich glaube nicht, dass wir es komplizierter machen müssen. Zen verlangt nicht, dass Sie Ihr Leben umkrempeln, sondern möchte einfach, dass Sie sich selbst ein wenig Zeit geben, um ruhig dazusitzen und zu sehen, was sich aus der dadurch neu gewonnenen Freiheit entwickelt.

Sie müssen sich zu nichts zwingen (außer natürlich dem regelmäßigen Praktizieren, dafür braucht es zu Beginn schon ein wenig Hartnäckigkeit), Sie meditieren und werden achtsamer. Zen ist keine Religion; wenn es etwas ist, dann am ehesten vielleicht eine Art Lebensphilosophie, die aus dem Nichts kommt und deshalb völlig undogmatisch ist.

Schaffen Sie sich mehr Raum, damit etwas Neues entstehen kann. Halten Sie an keinen Glaubenssätzen fest, sondern vertrauen Sie mehr der Ruhe in sich selbst. Verfolgen Sie alles, was Sie friedlicher macht, und seien Sie bei allem achtsam, das Sie in Unruhe versetzt. Seien Sie skeptisch gegenüber Lehrern, die behaupten, über die alleinige Wahrheit zu verfügen. Achten Sie darauf, ob ein Lehrer Ihnen hilft, freier zu werden – vor allem auch von ihm, dem Lehrer. Wenn es um Ihre berufliche Situation geht, stellen Sie sich die Frage: Hat meine Arbeit genug mit mir selbst zu tun? Oder stimmt da etwas nicht überein? Und dann vor allem: Seien Sie sich einfach mehr und mehr Ihres Bewusstseins bewusst. Denn das Leben ist eine enorme Chance zur Bewusstwerdung und Veränderung.

Etwas, das ich an diesem ganzen Prozess besonders schätze, ist die Einsicht, dass wir mit unseren Schwächen glücklich werden können. So, wie wir sind, ist es gut. Wir sind nicht zufällig so, sondern aus guten Gründen so geworden. Und wir haben das Recht, als der Mensch, der wir sind, ruhig zu werden und das Leben tiefer zu erkennen. Wer immer wir im Außen sein mögen, wenn wir nach innen gehen, ist das unerheblich. Status und Ruhm helfen uns da nicht weiter. Und was andere denken, ist absolut unerheblich. Wir sitzen allein auf unserem Kissen und beginnen all diese Zusammenhänge besser zu verstehen und dadurch zu erkennen, wer wir wirklich sind.

Denn das Leben bedeutet etwas. Es ist nicht ohne Sinn, aber den Sinn können wir nur in uns selbst entdecken. Es wird uns nicht so einfach gemacht, dass wir ihn von irgendjemandem übernehmen können oder ihn in einem Buch finden. Solange wir außerhalb unserer selbst suchen, werden wir ihn nie entdecken. Aber wenn wir uns nach innen wenden, werden wir dem Ganzen mit jedem Mal ein wenig näher kommen.

Was mir am Zen dabei besonders sympathisch ist, weiß ich nicht zu sagen. Sicherlich schätze ich seine Einfachheit und Klarheit besonders, da sich für mich immer alles umso weiter vom Wesentlichen entfernt, je komplizierter es wird. Zen ist da ungemein wohltuend – entsprechend würde ich sagen:

Beruhige den Geist; tue, was nötig ist; genieße das Leben und schau, was sich ergibt.

Zen setzt also mehr auf richtiges Geschehenlassen als auf falsches Agieren. Es vertraut einer Intelligenz in uns, die tiefer reicht als intellektuelles Begreifen. Und es bevorzugt eher die wahre Freude, die aus uns selbst entspringt, als das schnelllebige Vergnügen, das nur durch äußere Aktionen erreicht wird.

Was wir einfach nicht verstehen können, solange wir es nicht selbst erlebt haben, ist, dass ein ruhiger und subtiler Geist tatsächlich viel mehr Freude macht als alle noch so verlockenden Aktivitäten. Aktivitäten können uns zwar durchaus für gewisse Momente bereichern und beglücken, aber sie können uns nie das bescheren, was wir wirklich suchen. Wenn wir das verstehen, ist beides möglich: innere Freude und äußeres Vergnügen – wenn wir in der Lage sind, weise damit umzugehen. Zen schließt Vergnügen nicht aus, es sollte nur dem tieferen Erkennen nicht im Wege stehen. Und das ist durchaus möglich.

„Dem großen Fluss folgen" bedeutet: verstehen, dass wir dem Leben nichts aufzwingen können. Zwar lässt sich mit dem Willen viel erreichen, aber wenn dies nicht in Übereinstimmung mit dem Größeren ist, wird es keinen Bestand haben: Qualität und Dauer lassen sich nicht gegen das Leben durchsetzen, nur mit ihm. Je besser wir also mit dem Leben kooperieren, desto leichter geht alles. Je mehr wir aber versuchen, unsere Vorstellungen gegen den natürlichen Lauf aufrechtzuerhalten, desto mehr zerbricht der ganze Rhythmus, in den wir eingebunden sind.

Wenn wir die meditative Kunst des Lebens erlernen, nehmen wir all das immer deutlicher wahr. Wir leben dann, um darauf zu achten, was das Leben eigentlich ausmacht. Und finden durch diese Achtsamkeit zu einer neuen Qualität von Bewusstheit in uns.

Durch Zazen, das Sitzen in Zen, entwickeln wir die Einheit von Körper und Geist, die dazu notwendig ist. Diese Haltung der Einheit wird uns bei allem von Nutzen sein. Aus ihr heraus ergeben sich einfach andere Möglichkeiten, unser wirkliches Glück zu finden.

Arbeit ist dabei eine der besten Ausdrucksformen. Wir können durch sie nicht nur unser Geld verdienen, sondern geben der Welt etwas von uns zurück. Unser Beitrag mag dabei vielleicht klein sein, aber wenn wir bemüht sind, in jedem Augenblick zu mehr Qualität und Friedfertigkeit beizutragen, dann ist unsere Aufgabe erfüllt. Indem wir Zazen praktizieren, üben wir uns in der aufrechten, friedvollen Haltung, die wir dann auch nach außen tragen.

Jedes Unternehmen ist ein Übungsraum, in dem sich unser Geist ausdrücken kann. Und jedes erfolgreiche Unternehmen drückt sich selbst durch Klarheit und Aufrichtigkeit aus. Welcher Geist in einem Unternehmen herrscht, lässt sich meist leicht erkennen und lässt ziemlich exakte Rückschlüsse auf die Menschen zu, die das Unternehmen führen. Jeder Zen-Lehrer weiß, dass er eine besondere Verantwortung hat, und so sollte auch jeder Manager wissen, dass er es ist, der das Unternehmen ganz wesentlich prägt. Auch Politiker stehen in dieser Verantwortung. Und Medienschaffende genauso. Sie sind es, die einen gewissen Geist verbreiten. Eine Stimmung. Ein Klima. Eine Atmosphäre. Je nach Atmosphäre gedeiht dann dieses oder jenes.

Eine freie und friedliche Umgebung ist dabei besonders hilfreich – aber leider nicht immer Realität. Dann müssen wir einfach tun, was wir tun können. Auch wenn die Umgebung nicht ideal ist, versuchen wir doch immer unser Bestes. Indem wir achtsam sind, drücken wir Qualität und Respekt aus. Und wenn wir dies geduldig tun, wird es Bestand haben und in irgendeiner Form Einfluss nehmen.

Alles ist in Bewegung. Was heute ist, kann sich morgen schon anders zeigen. Was uns heute noch unmöglich erscheint, kann morgen bereits Realität sein. Inmitten dieser unabsehbaren Veränderungen sitzen wir jeden Tag für eine gewisse Zeit still und aufrecht da und finden so irgendwann das, was sich niemals verändert. Inmitten der Veränderungen gibt es etwas, das unveränderlich ist. Etwas, das auch unberührt von Zeit ist. Unbeeinflusst von Bedingungen und Absichten. Etwas, das immer war und immer sein wird. Und das sich durch diesen großen Fluss ausdrückt, von dem wir ein Teil sind und der durch uns sichtbare Form annimmt.

Ganz am Anfang des Buches ging es um die Frage, ob Zen uns helfen kann, erfolgreicher zu sein. Ich bin ganz sicher, dass dies möglich ist – wenn auch nicht unbedingt in einer Weise, in der wir Erfolg normalerweise definieren, obwohl nicht einmal das ausgeschlossen ist. Denn wenn unser Geist ruhiger und klarer wird, wenn wir mit schwierigen Situationen angemessener umgehen, wenn wir das Leben ganz grundlegend besser verstehen, dann kann dies durchaus auch einen Einfluss auf das haben, was wir gewöhnlich unter Erfolg verstehen: mehr Geld, ein Plus an Sympathie und Prestige, mehr Macht und Möglichkeiten, mehr Annehmlichkeiten, mehr Akzeptanz und Status – all diese verlockenden Dinge, die unserem Leben einen so schönen Glanz verleihen.

Aber der wirkliche Erfolg, den ich eigentlich meine, lässt sich weniger in Zahlen ausdrücken. Es gibt dafür keine Rangliste, und Sie werden, wenn Sie ihn haben, nicht in bunten Magazinen erscheinen. Denn diese Art des Erfolgs interessiert die Wirtschaft und die Gesellschaft bedauerlicherweise kaum – obwohl es sich vielleicht um den größten Erfolg handelt, den Sie im Leben erreichen können. Sie können in der Welt überaus erfolgreich sein und den wichtigsten Erfolg trotzdem verpassen. Sie können im

Rampenlicht stehen und über alle Annehmlichkeiten der Welt verfügen – und dennoch das Gefühl haben, dass da immer noch etwas ganz Wesentliches fehlt und dass Sie Ihr Leben im Grunde vertan haben. Sie können als Unternehmer oder Künstler oder Politiker reüssieren und trotzdem im Grunde scheitern. Andererseits können Sie ein kleines, bescheidenes Leben führen, nichts Besonderes tun und trotzdem näher am Essenziellen sein als alle jene, bei denen man es aufgrund ihrer Lebensumstände vermuten müsste. Denn vielleicht geht es ja einfach nicht darum, als Geschäftsmann oder als Geschäftsfrau, als Politiker oder Erfinder, als Schriftsteller oder Restaurant-Besitzer erfolgreich zu werden, sondern als etwas ganz Simples, Einfaches und deshalb so leicht Übersehbares – als Mensch.

Als Mensch erfolgreich sein – indem wir menschlicher werden. Indem wir die Welt und uns selbst besser verstehen und erkennen. Indem wir begreifen, dass wir alle Teil eines einzigen Lebens sind, das wir miteinander teilen und vorantreiben – alles hängt voneinander ab und alles ist miteinander verbunden. Wir erkennen dann, dass diese Oberfläche, die wir sehen, längst nicht alles ist, und dass wir, je tiefer wir gehen, gar nicht anders können, als menschlicher zu werden, weil wir erfahren, dass nichts so getrennt ist, wie es scheint, und nichts nur uns selbst angeht, auch wenn wir das immer meinen.

Wahrhaft menschlich zu werden und das damit verbundene Verständnis für alles ist also vielleicht der größte Erfolg, den wir im Leben erringen können. Nichts fließt so schön mit dem Fluss des Lebens wie tiefe Menschlichkeit – und wenn wir nicht mehr dagegen ankämpfen, werden wir einfach Teil davon. Wir agieren und arbeiten, wir sind still und genießen, wir freuen uns und freuen uns auch an der Freude der andern, und auf diese Weise nehmen wir in jedem Moment wahr, wie wir selbst zu einem besonderen Ausdruck dieses Glücks werden.

Von diesem Erfolg sollten wir alle so viel haben, wie es nur geht.

Und je bewusster wir es angehen, desto größer ist die Chance, dass sich das Leben in diese Richtung entwickelt.

Weiterführende Zen-Literatur

Charlotte Joko Beck: Zen im Alltag (Goldmann Verlag)*

Taisen Deshimaru: Za-Zen. Die Praxis des Zen (Kristkeitz Verlag)*

Shodo Harada: Der Weg zu Bodhidharma (Ankgor Verlag)

Margrit Irgang: Wunderbare Unvollkommenheit. Das Zen-Buch der Lebenskunst (Herder Verlag)*

Abt Muho: Zazen oder der Weg zum Glück (rororo)*

Katsuki Sekida: Zen-Training (Herder Verlag)

Kodo Sawaki: Zen ist die größte Lüge aller Zeiten (Angkor Verlag)

Shunryu Suzuki: Zen-Geist, Anfänger-Geist (Theseus Verlag)*

Shunryu Suzuki: Seid wie reine Seide und scharfer Stahl (Heyne)

Kosho Uchiyama: Das Leben meistern durch Zazen (Angkor Verlag)

Alan Watts: Vom Geist des Zen (Insel Verlag)

Sheng Yen: Vertrauen in den Geist (fourturtles publications)

* besonders auch für Zen-Einsteiger geeignet

Über den Autor

Peter Steiner, Jahrgang 1961, war 20 Jahre lang in der Kommunikationsbranche tätig, bevor er Ende 1999 aus dem Wirtschaftsleben ausstieg und seine Anteile am eigenen Unternehmen verkaufte, um sich ganz der fernöstlichen Philosophie und dem Verständnis des Zen zu widmen. Er praktiziert seit mehr als 15 Jahren Zen-Meditation und lernte zudem bei zwei chinesischen Meistern verschiedene Methoden des Qigong. Er lebt als Autor in Zürich.

Bisher erschienene Bücher: *Das Wesentliche so nah* (2011), *Weisheit für Minimalisten* (2009) und *Vom Glück der Stille* (2007)

Weitere Informationen: www.petersteiner.info